体温の伝わる交渉

702社のコスト削減を実現したプロの作法

著者 佐谷 進

Nanaブックス

あなたの交渉レベルを判定しよう!

交渉力判定テスト

あなたは正しい交渉ができているでしょうか。
次の5問に○×で答えてください。

Q.1
交渉は、できる限りいい条件を引き出せばよい

Q.2
交渉相手が提示してきた価格の1~5割減程度を目安に回答すべきである

Q.3
交渉担当者は、発注や条件に関する決定権を持つべきである

Q.4 交渉相手が合意できる条件を提示してきても、その場で合意してはいけない

□

Q.5 コスト削減を要求する時には、丁寧に削減理由を伝えるべきである

□

3問以上の正答数の方は正答数によって次のことがいえます。
次ページの回答を見て、何問正解できたか確認しましょう。

5問正答 大手企業の担当者でも全問正答した方は1%以下でした。上場企業役員、外資系企業経営者等数名だけです。

4問正答 全体の3%以下でした。4問正答できた方はかなり交渉力が高いといえます。いろいろな業務でご活躍されてきたのではないでしょうか。

3問正答 全体の13%以下でした。3問正答できていれば十分交渉力が高いといえます。交渉力の高さを自社の成長に活かしてください。

回答は次のページ

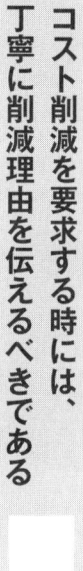

回答

1.× 交渉で得るものは、ベストな条件以外にもう一つあります。

➡P18「交渉とは何か、交渉力とは何か」へ

2.× 価格の1～5割減で回答すべきかどうかは、調査と条件整理の状況により変わってきます。

➡P84「1 セッティング（交渉準備）」へ

3.× 交渉担当者は決定権を持ってはいけない理由があります。

➡P119「セッティング時の交渉テクニック02」へ

4.○ 合意は即答しない方がいいでしょう。そもそも即答できるということは決定権を持っていることになります。

➡P170「ミーティング時の交渉テクニック22」へ

5.○ 削減理由がないと交渉相手は納得しませんので、必ず伝えてください。伝え方にもコツがあります。

➡P176「ミーティング時のNGアクション03」へ

はじめに

アメリカの経済学者マクロスキー&クラマーは「GDPの4分の1は説得のための活動に費やされている」と述べています。実際、私たちは取引において多くの打ち合わせに時間を費やしています。

私は、かつて勤めていた外資系のコンサルティング・ファームにおいて業務改善やコスト・マネジメントを体系的に経験し、コスト削減における必須のテクニックとして交渉術を学びました。現場のヒアリングに始まり、データ分析から市場調査、サプライヤーの選定などに関わり、コスト削減のノウハウを一から学び、それを駆使したストラテジック・ソーシングと呼ばれるコスト削減の方法が多くの企業で採り入れられました。しかし、サプライヤーの最終選定や交渉、合意までの流れはクライアントが中心に行い、この時点では交渉力を発揮する機会はあまり訪れませんでした。

交渉力を現場で実践的に試みることができるようになったのは、次の不動産ファンドに転職してからです。そこで私は1000億円を超えるアクイジション・マネージャー(不動産売買担当)

の職に就きました。そこで本格的に交渉力を高め、さまざまなスキルを獲得していったのです。不動産ファンド時代に印象に残った経験を挙げてみましょう。

仲介者を通じて、とあるアジア系の財閥から当初1050億円で持ち込まれた案件がありました。しかしどう見積もっても500億円の価値しかないと判断し断ろうと考えたところ、当時の上司からいい物件だから検討すべきだと言われ、その指示に従うことにしました。

当初、先方の日本支社のトップと価格交渉を行ったところ、200億円の値引き（価格850億円）にしか応じず、交渉はなかなか進展しませんでした。その後、我々は綿密な調査により、資料を精査し、前提条件付きで400億円の提示額を示しました。そして、先方の前提条件（賃料の下落や売却条件の変更）が変化していく中で、我々は提示額を290億円としました。先方は430億円まで下げてきましたが、我々の提示額とはまだ大きな差があります。これ以上は日本支社では判断できないとの意向を示されたため、我々は本社のあるシンガポールまで出向き、先方のトップとの交渉を行いました。交渉はわずか1時間で決着がつき、最終的には298億円で合意するに至りました。

私は交渉次第でここまで数字が変わるものかと驚きましたが、上司は最終額に対して満足していませんでした。「先方のトップの素早い決断、ロジカルな論調、真剣な表情で交渉に臨むその姿勢に圧倒され、293億円以下で着地できたはずの機会を逃してしまった」と言うのです。

そのとき私は、**ヒアリング程度の手探りの状況から大詰めの場面まで、継続的に交渉が必要なこと、交渉スキルの有無によって最終的な数値は大きく変わり、交渉力がビジネスの成功に大きく関与すること**を学びました。

それ以来、私は交渉の重要性を常に意識しながら、不動産ファンドの売買担当として、数十億～数百億円の不動産関連の交渉を数多く経験してきました。また、交渉力が高いといわれる人のノウハウを吸収し、年間1000億円以上の取引を扱っている方々に交渉スキルを学びに行きました。関連書籍を読み漁り、海外の交渉セミナーや各大学のMBAでの交渉に関する授業内容と資料を収集し、銀行、メーカー、外資、小売等の企業との交渉経験を積みました。その後、私の経験を耳にした東証一部上場企業の社長から直接、交渉に関するレクチャーの依頼を受け、それを機に独立しました。それから今日まで、数百に及ぶクライアントからコンサルティング依頼を受け、コスト削減の交渉から不動産に関する交渉まで、数千に及ぶコンサルティングを実施しています。2014年10月現在で、702社、1000億円以上のコスト削減実績があります。

現在、私が経営するプロレド・パートナーズでは、主に企業のコスト削減に関する依頼が多く、その全てのプロジェクトを完全成果報酬によりコンサルティングしています。

弊社では質の高いサービスが最も効率のいい営業につながると考えており、プロジェクト・ベースでは95％以上の成功を収め、１００％近いクライアントからリピートしていただいています。

今日、大企業でも中小企業でも、コスト削減は生き残りの重要な戦略となっているはずです。実際、トヨタや日本電産、ファーストリテイリング、セブン＆アイ・ホールディングス、ソフトバンクなどのリーディングカンパニーは、同業他社よりもコスト削減の成果が出ており、メディアにもよく取り上げられています。しかし、これらのリーディングカンパニーのように、コスト削減を着実に実行し、企業に利益をもたらし事業を着実に発展させている日本の企業は実は驚くほど少ないのが実情です。

それはなぜか。その大きな理由の一つに交渉方法に問題があることが挙げられます。

翻って、日本のリーディングカンパニーや外資企業は交渉に対する考え方、その重要性の理解が他の企業とは格段に違い、交渉スキルを体系的に学び、末端の社員にまで浸透させ、それを武器にコスト削減をシビアに遂行します。

また、海外に進出している日本企業が、交渉の稚拙《ちせつ》さゆえに、重要なクライアントを外資系企

《図》取引の失敗理由として「交渉方法が原因」と答えた企業の割合

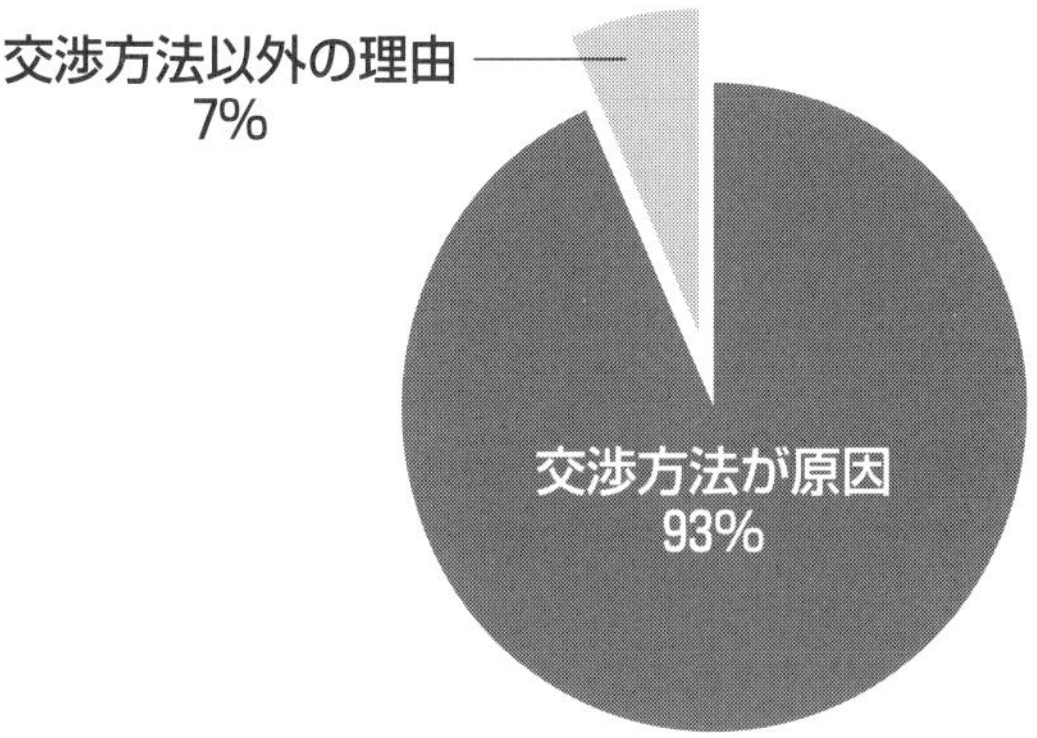

出所：『月刊総務』とプロレド・パートナーズによる調査結果（企業162社）を基に集計（2014年）

業に奪われてしまうという実態もよく目にします。急速にグローバル化が進展し、競争が激化する中、勝ち残るためには交渉力が重要な戦略要素となっていることは間違いありません。

図のように取引が失敗した要因について、9割以上の企業は交渉方法に原因があると考えています。しかし、大半のビジネスパーソンはその対策を講じていないという現実があります。

これまでお付き合いした延べ数千人に及ぶ管理部門や購買部門の担当者などで意識的に交渉を行っている人は非常に少なく、ましてや体系的に交渉力を学び身に付けた人はほぼゼロでした。ですが、私たちがレクチャーさせていただいたり、実際にコンサルティングを見ていただくことで、意識的に交渉し取引することの重要性を交渉担当者が認識し、大きな改善を成し遂げている企業も徐々に増えています。

交渉は状況によって大きく変わります。例えば、弁護士の交渉と一般的なビジネスパーソンの交渉とでは、内容もスキルも大きく異なってきます。

交渉を扱う書籍やネットなどの内容を見ると、ほとんどが弁護士視点となっており、多くは揉《も》め事を取り扱ったものが主体でその場限りの問題をどう解決するかという視点のものがほとんどです。しかし、実際のビジネスシーンにおける交渉では、その場限りの「揉め事の対応」はあまり役に立たず、継続的に続く取引を踏まえた交渉が必要となってきます。そのため、相手との信頼関係を継続的に築くことが大変重要になってくるのです。

本書は主に**ビジネスシーンの最前線にいる皆さんに、コスト削減や取引を主眼とした、明日から役に立つ実践的な交渉の方法を紹介する**ことを目的として書きました。高度なテクニックなど一つもありません。交渉フローも実にシンプルです。**誰もが実践可能ですぐに利用でき、かつ「争い事が苦手」と交渉に尻込みしてしまう人にとっても、「交渉は交渉相手と信頼関係を構築するための手段」**だと感じていただけるように書いていますので、安心してお読みいただけると思います。

私は過去に多くの交渉に携わってきましたが、究極的には、一切交渉せずに互いに信頼している取引相手とベストな取引条件で取引することが理想だと考えています。

もちろん、簡単なことではありません。相応の準備とスキル、そして行動と熱意が必要になります。本書はその究極の取引を目指すために、今必要な交渉方法についてご紹介しています。どんな場面でも、「相手のことを考え、体温を合わせていく」といった意識を持ってこれらのことを実践すれば、その取引は必ずうまくいくことでしょう。

本書を利用することで、ストレスフリーでベストな取引が増えることを願ってやみません。

2014年10月

佐谷　進

本書で考える交渉フロー

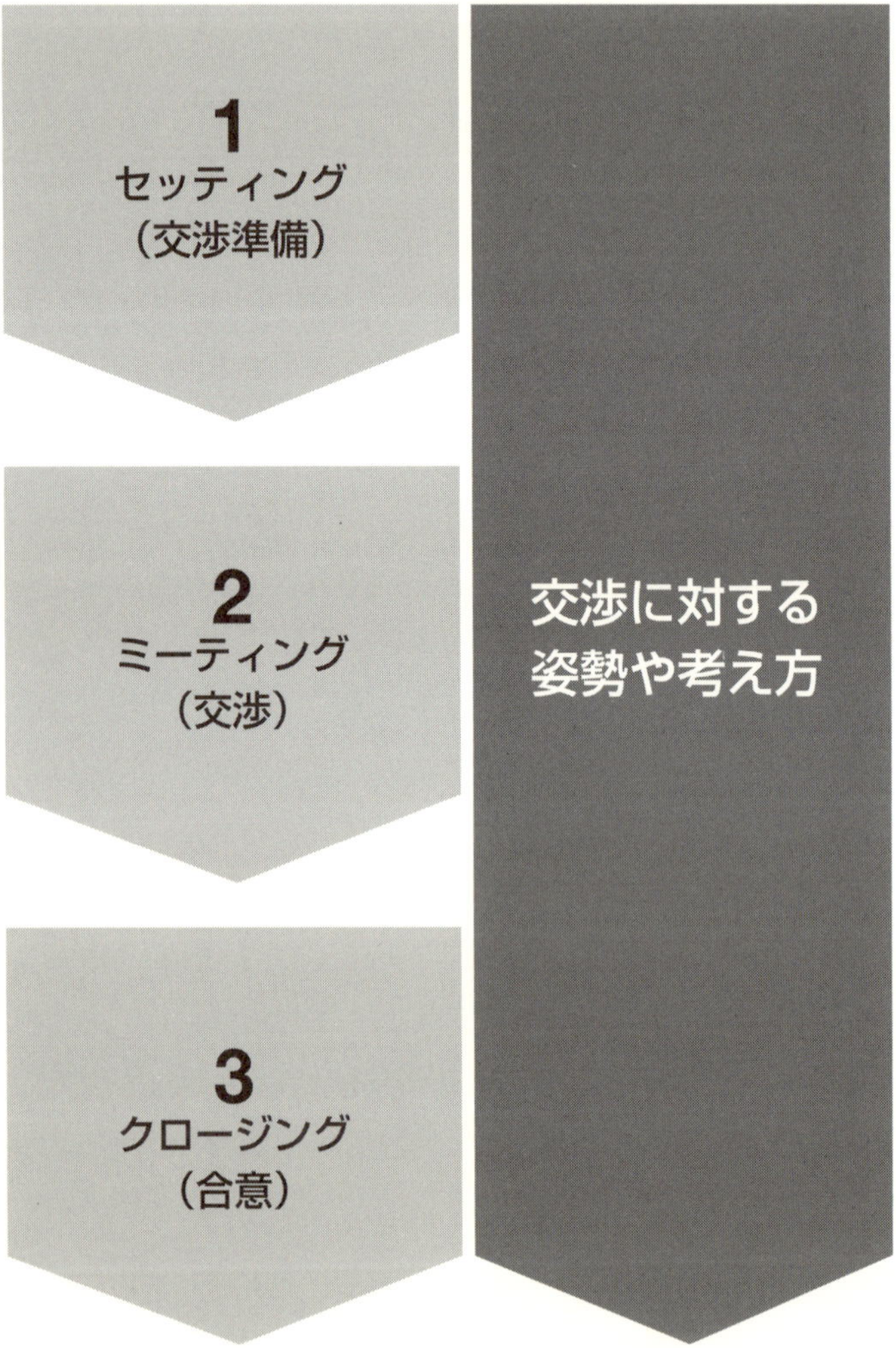
1
セッティング
（交渉準備）
2
ミーティング
（交渉）
3
クロージング
（合意）
交渉に対する
姿勢や考え方

体温の伝わる交渉　目次

第2章

コスト削減を成功させる交渉方法 I

第3章

コスト削減を成功させる交渉方法 Ⅱ

第4章

実践的交渉テクニックとNGアクション

第5章 サプライヤーとの交渉　実践編

第1章

コスト削減に必要な交渉力

～なぜ、交渉力でコストの削減率が大幅に変わるのか?

交渉とは何か、交渉力とは何か

◉交渉力とは、「信頼関係の構築」＋「ベストな取引条件」を得るための能力

交渉という言葉は日常的に使われていますが、「交渉とは何ですか？」と問われた場合、あなたはどう答えるでしょうか？　また、「企業との取引において、身に付けるべき交渉力とはどのような能力またはスキルを指すのか」との問いに対してはいかがですか？

私が経営するコンサルティング・ファーム、プロレド・パートナーズでは、さまざまなクライアントに対し、数千にも及ぶ交渉へのアドバイスを行ってきましたが、その経験を基にサプライヤー（経済活動にかける供給者）との交渉とは何かを言い表すと、「信頼関係の構築」＋「ベストな取引条件」を獲得するための手段ということになります。そして、交渉力とはそれを得ることのできる能力であり、その能力を発揮できる技術と定義しています。

後者の「ベストな取引条件」というのは、皆さんが想像する通りの定義です。価格や諸条件において、サプライヤーとベストな取引をするための条件を合意することは非常に重要であること

はいうまでもありません。しかし、企業の中にはそれだけを求めて、サプライヤーに無理難題を吹っかけたり、強制、説得をしている状況が多く見られます。結果的に「ベストな取引条件」にたどり着けたケースもあるとは思いますが、本当にそれでよいのでしょうか。その答えは、ベストな取引条件とセットで考えなければならない「信頼関係の構築」にあります。

◉なぜ「信頼関係の構築」が必要か

取引において「ベストな取引条件」を追求し続けた結果、サプライヤーから継続的な契約を断られたことや、担当者やその企業との関係性が悪化してしまったことはありませんか？　また、取り決められていない条件を持ち出されたり、不利な要求を突き付けられたり、いつの間にか新しい商品が出ていてそちらの方が安価になっていたりとか、さらに他社の方が安かったり、オプションや追加料金が高くついたなどという経験はありませんか？

「ベストな取引条件」を追求したつもりでも、実はそうなっていなかった、もしくは、いつの間にか「ベストな取引条件」ではなくなっていたということも頻繁に見られます。

多くのサプライヤーから、次のような意見をよく耳にします。

「私たちも人間ですから、苦手だ、嫌いだと感じる交渉担当者や企業はあります。正直、売上を確保するために無理やり付き合っている担当者も多くいます。それらの企業に対しては、どうしてもこちらの都合の良い条件で契約しようという気持ちになります。また取引を継続する必要がなければ、すぐにでも契約を解消したいと思ってしまいます」

このような発言は想像してみればすぐに分かることです。サプライヤーとの取引、特にコスト削減の交渉において重要なことは「ベストな取引条件」と同等もしくはそれ以上に「信頼関係の構築」が重要なのです。

サプライヤーと信頼関係が構築されていることで、サプライヤーから、「この商品はすぐに新バージョンが出る予定なので、購入はそれを待ってからの方がいいですよ」「メンテナンス面で問題がある商品なのであまりお勧めできません」「これとこれを組み合わせて購入すれば、かなりコストが下げられますね」など、サプライヤーにとっては決して得にならない、しかし我々にとっては有益な情報を提供してくれる場合もあります。サプライヤーと信頼関係を構築することにより、得られるメリットは多岐にわたります。

- サプライヤーから有益な情報を積極的に提供してもらえる。
- 契約書に規定されていない条件について、自社にとって有利な条件にしてもらいやすい。

《図1》　信頼関係の構築によってもたらされる効果

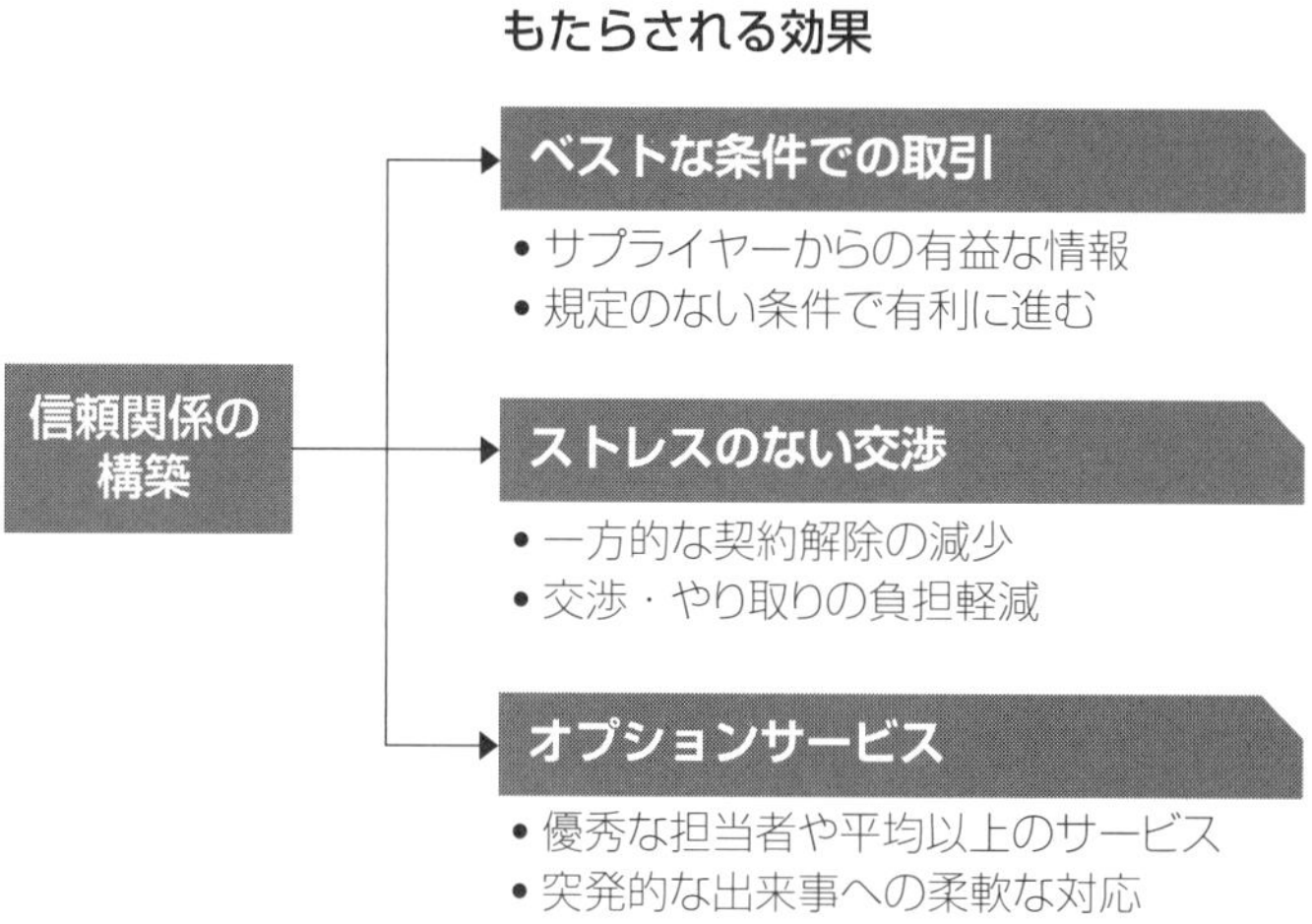
もたらされる効果
信頼関係の構築
ベストな条件での取引
• サプライヤーからの有益な情報
• 規定のない条件で有利に進む
ストレスのない交渉
• 一方的な契約解除の減少
• 交渉・やり取りの負担軽減
オプションサービス
• 優秀な担当者や平均以上のサービス
• 突発的な出来事への柔軟な対応

- 次回から交渉にかかる時間・やり取りが軽減され、ストレスのない取引が実現できる。
- 同一条件によって取引が継続され、また、サプライヤー側からの一方的な契約解除が減る。
- 一般的な水準以上のサービスや、スケジュール面で柔軟な対応を受けられる可能性が高い。
- 緊急時の対応や自社のイレギュラーな要望に対して、他社より優遇されやすくなる。

サプライヤーとの交渉において、信頼関係を構築することはとても重要であることがお分かりいただけたでしょうか。信頼関係の構築は交渉にとても重要な要素なのです（図１）。

◉交渉のほとんどは勘違いされている

　取引において、交渉をすることの重要さ、また、交渉力を持つ必要性があることは分かっていただけたと思いますが、交渉を勘違いしている人はいまだに多く、またほとんどのビジネスパーソンは交渉を体系的に学んでいません。海外のＭＢＡコースでは、交渉は重要な課題として扱われていますし、セミナーや企業研修において数十年続いている交渉専門の研修会社もあります。

　日本では交渉を目的とした研修はほとんど見かけません。稀《まれ》にあったとしても、その内容はいわゆる実践的ではなく、「ハーバード流交渉術」のような交渉学的なものが主体となります。交渉セミナーや本で学んだ経験のあるビジネスパーソンは極端に少ない上に、学んだものをビジネスシーンで活かそうとしても、実践では使えないものが多いという声をよく聞きます。

　また、交渉といえば、テレビや映画、ニュース等で見かけるネゴシエーター（交渉人）の独善的な語り口や、上から目線で声高に要求するといったイメージを持っている人が多いのではないでしょうか。独りよがりのクレーマーを見て交渉力が高いと勘違いしている極端な例も見られます。

　さすがに健全な経営をしている企業では、上から爆弾を落とすような独善的な交渉をしている人は少ないとは思います。しかし、サプライヤーに対して、相手の立場を顧みず自分たちの利益

《図2》　交渉相手と信頼関係を築けない原因(複数回答)

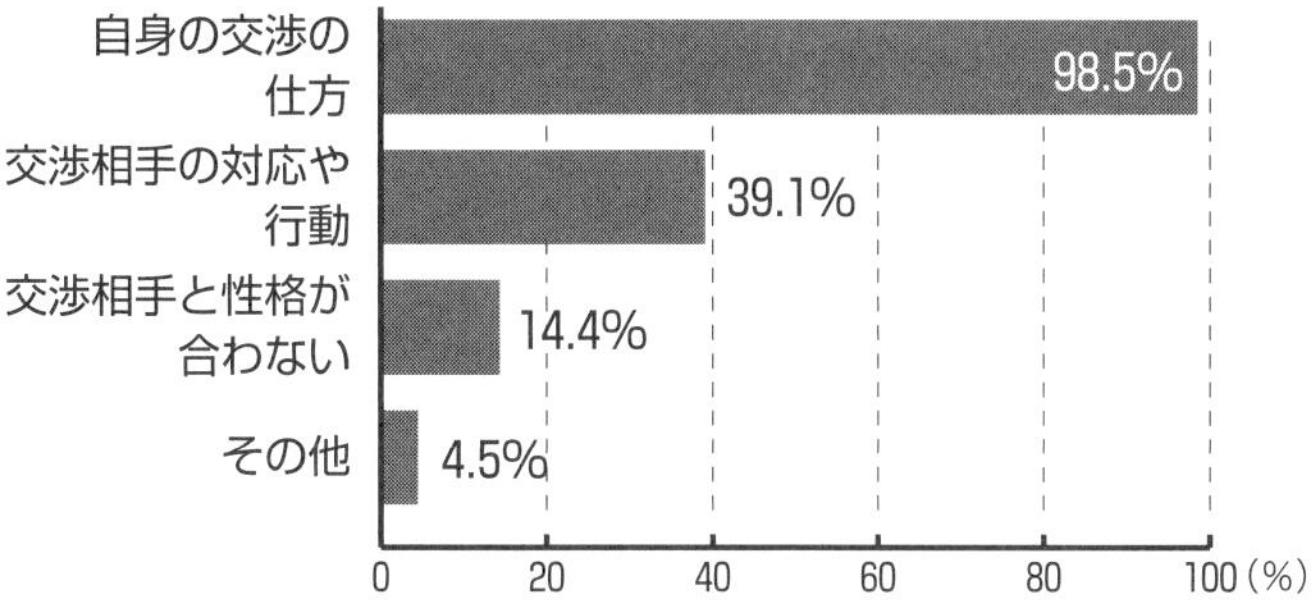

出所：『月刊総務』とプロレド・パートナーズによる調査結果（企業162社）を集計（2014年）

だけを考えた一方的な交渉をする企業や担当者は少なくありません。そのような企業においては、サプライヤーとの取引において問題が起きたことは一度や二度ではなく、またそれによって被った損失も大きなものになるでしょう。そのような一方的な交渉をしている企業は、今すぐ交渉方法を改める必要があります。

◉交渉力と経営状況に相関関係はあるか

交渉力のある人とは、これまで伝えてきたように「信頼関係の構築」＋「ベストな取引条件」を実現できる人です。それでは実際に、高い交渉力を備えた人材はどのくらいいるのでしょうか。１６２社の管理部門や購買部門の責任者に、交渉における「信頼関係の構築」に関する調査を実施したところ、図２のような結果になりました。

《図3》 交渉分類マップ

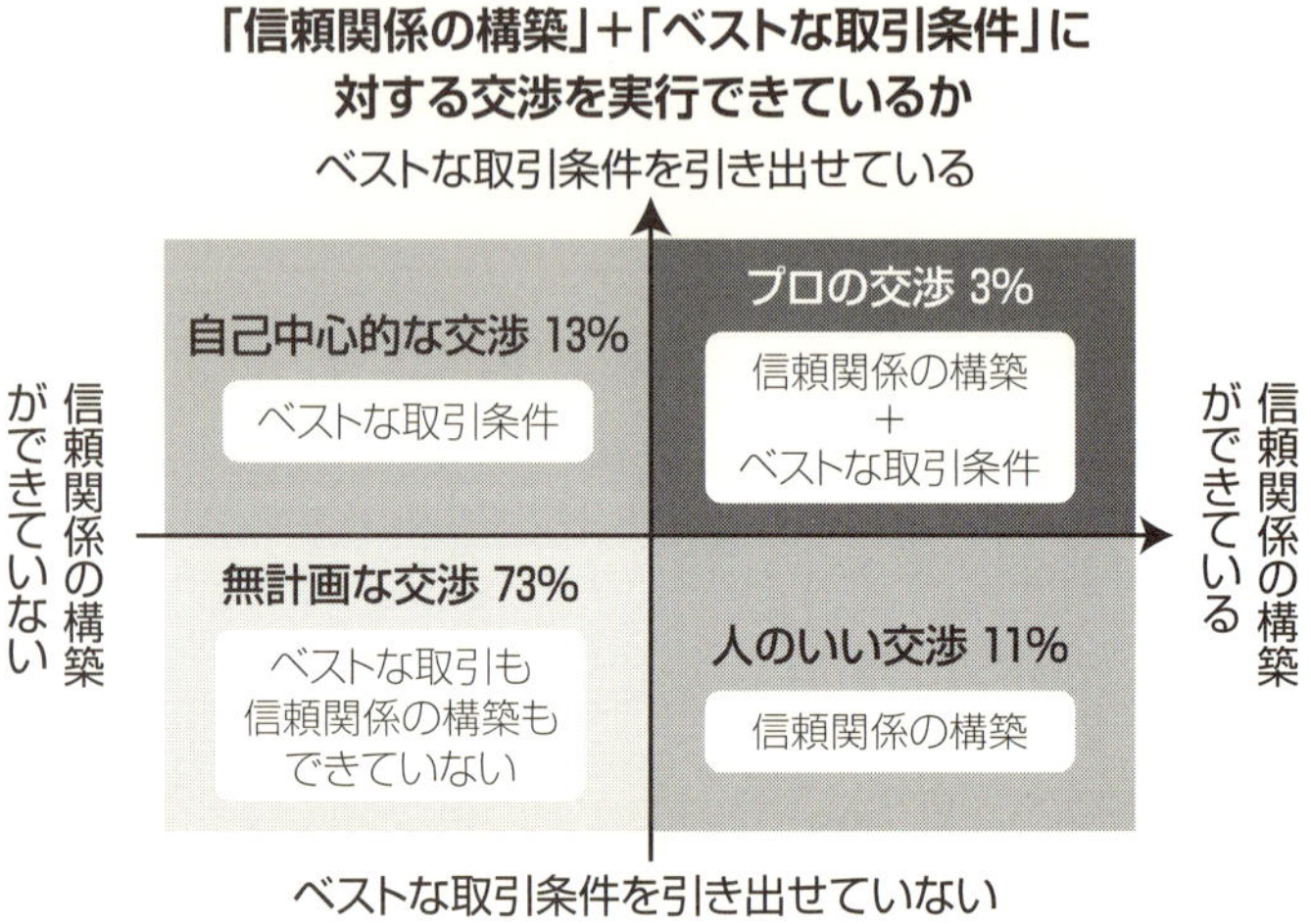

出所：『月刊総務』とプロレド・パートナーズによる調査結果（企業162社）を集計（2014年）

「信頼関係の構築」＋「ベストな取引条件」が実行できているかの質問において、どちらも実効できている企業、ここでは「プロの交渉」に分類できるような企業は全体の3％しかありませんでした（図3）。「人のいい交渉」は信頼関係の構築はできるがベストな取引ができない企業で、全体の11％でした。「自己中心的な交渉」はベストな取引条件を追い求めることはできるが信頼関係を構築できない企業で、全体の13％でした。「無計画な交渉」は信頼関係の構築もベストな取引もできない企業で、全体の73％にもなっていました。

「プロの交渉」「人のいい交渉」「自己中心的な交渉」「無計画な交渉」を、企業の経営状

《図４》　経営状況によって交渉分類はどう変わるか（１）

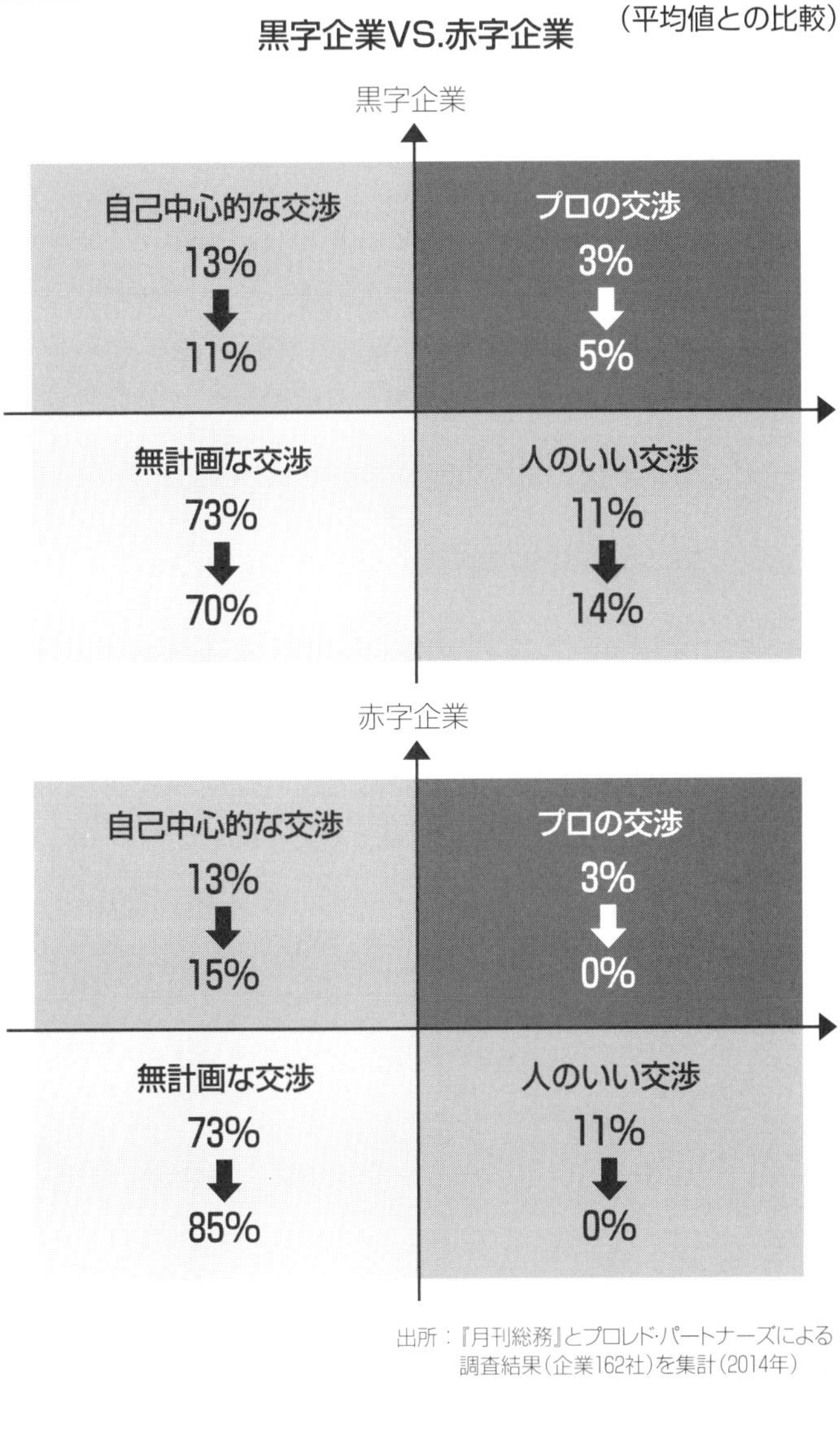

出所：『月刊総務』とプロレド・パートナーズによる
調査結果（企業162社）を集計（2014年）

《図 5》 経営状況によって交渉分類はどう変わるか（2）

（平均値との比較）

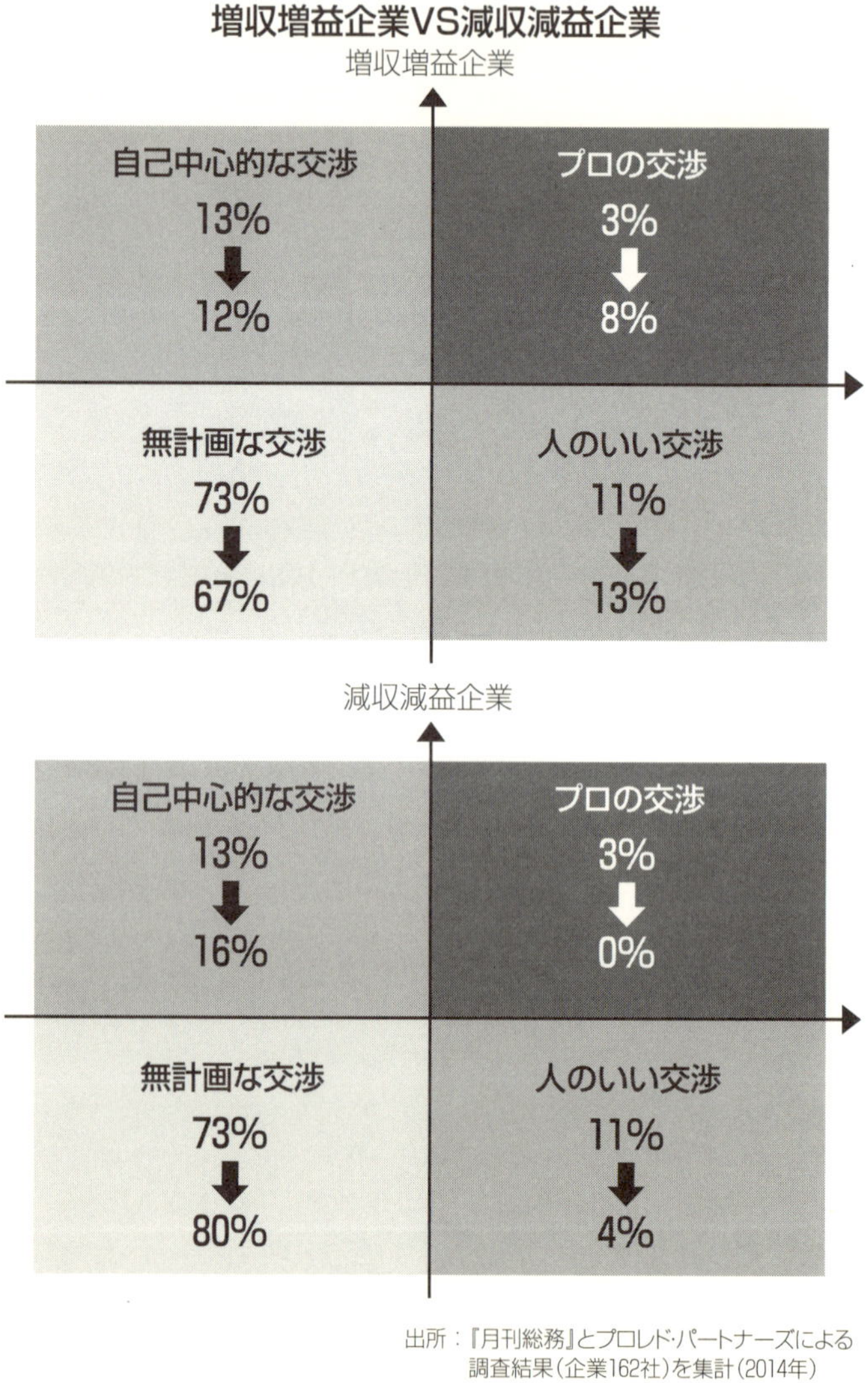

出所：『月刊総務』とプロレド・パートナーズによる
調査結果（企業162社）を集計（2014年）

況との関連で調査したところ、図４（25ページ）、図５（26ページ）のように企業経営の売上や利益といった成果との相関関係がはっきりしました。

「プロの交渉」に分類された企業は全て黒字かつ増収増益の企業でした。調査したのは管理部門と購買部門だけでしたが、交渉によりコスト削減に成功しているだけではなく、実際の売上にまで影響を与えていると考えられます。また、平均増収率も４つの分類の中で一番高く、ここに分類された企業は経営が安定している超優良企業といえるでしょう。

たとえば、皆さんがコスト削減できているなと思い付く企業はどこでしょうか。トヨタ自動車、セブン＆アイ・ホールディングス、ファーストリテイリング等々。それらの企業は図６（29ページ）のように売上の成長のみならず、徹底したコスト削減においても注目されることが多い企業です。非常に高度な交渉力を有していることが想像されます。

次に「人のいい交渉」に分類された企業はおおむね黒字企業で、増収増益の企業の割合も平均値と比較して高いようです。取引企業と信頼関係が築けており、安定して利益を出している企業であることが示唆されます。しかし、売上の伸びが今ひとつの企業やコスト削減がきっちりとできていない企業もあります。ただしそのような企業でも「自己中心的な交渉」「無計画な交渉」に傾いているということはありませんでした。

「自己中心的な交渉」に分類された企業は、一般的に交渉をしっかりやっていると考えている担当者が多い企業ですが、実際の経営状況は平均値と比較して、黒字と増収増益の企業の割合が減少していました。コスト削減よりも売上を伸ばすことに興味を持っている企業が多いことも特徴の一つです（なお、この特徴は「無計画な交渉」に分類されている企業にも見られます）。しかし、売上を伸ばすことは実際にはできておらず、結果として赤字の企業が増えていたり、減収減益になるという状況に陥っています。

「無計画な交渉」に分類されたのは、取引における交渉がうまくいっていない企業で、赤字・減収減益の割合が高くなります。多くの企業でコスト削減の交渉に手が回らないことや人的リソースが不足している、知識がないといった現状が見られました。一方で、交渉力のレクチャーやコスト削減のサポートなどにおいては「自己中心的な交渉」よりも良い結果が出て、大幅な改善が見られた企業が多く存在するのも事実です。

以上の通り、この調査結果から取引の交渉力と企業の経営状況には、高い相関関係があるといえます。もちろん、このデータが全ての企業に当てはまるとはいえませんが、要は、優良企業は当たり前のことを当たり前に行っているということなのです。「コスト削減は相見積もりをすればいい」とか「売上が重要なのでコスト削減は後回し」などの勘違いは皆無です。特に外資系の

《図6》　コスト削減と売上の関係

売上が伸びている企業はコスト削減ができている

図の①～④の中で、②③の領域よりも①④の方が多くの企業が配置されている。

昨対比増収企業の多くはコスト削減にも成功しており、昨対比減収の企業はコスト削減ができていない状況にある。この図から、優れた企業は管理部門も優れているということが読み取れる。

～増収率とSGA比率（販売費および一般管理費／粗利）～

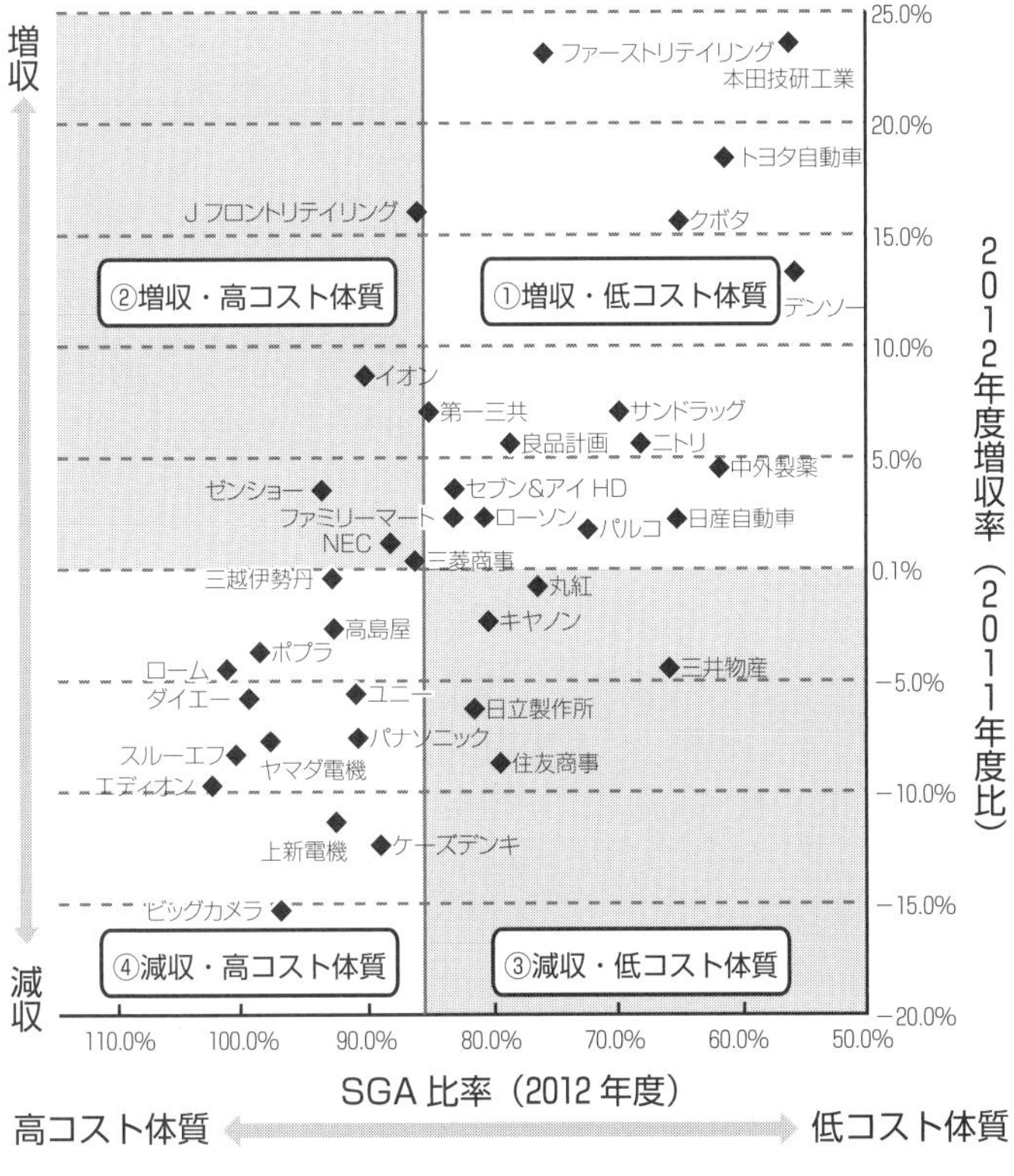
増収
減収
①増収・低コスト体質
②増収・高コスト体質
③減収・低コスト体質
④減収・高コスト体質
ファーストリテイリング
本田技研工業
トヨタ自動車
Jフロントリテイリング
クボタ
デンソー
イオン
第一三共
サンドラッグ
良品計画
ニトリ
中外製薬
ゼンショー
セブン&アイHD
ファミリーマート
ローソン
パルコ
日産自動車
NEC
三菱商事
三越伊勢丹
丸紅
キヤノン
高島屋
ポプラ
ローム
三井物産
ダイエー
ユニー
日立製作所
パナソニック
スルーエフ
ヤマダ電機
住友商事
エディオン
上新電機
ケーズデンキ
ビックカメラ
25.0%
20.0%
15.0%
10.0%
5.0%
0.1%
−5.0%
−10.0%
−15.0%
−20.0%
110.0%
100.0%
90.0%
80.0%
70.0%
60.0%
50.0%
2012年度増収率（2011年度比）
SGA比率（2012年度）
高コスト体質
低コスト体質

優良企業には交渉力の高い企業が多いので、今後、日本企業がよりグローバルに飛躍していく過程で、交渉は意識的に身に付ける必要があるスキルであるといえるのではないでしょうか。

コスト削減を実現する2つの方法

コスト削減は、企業にとって取り組まなければならない非常に重要な課題です。次ページ図7の通り、コスト削減の方法には、ユーザーマネジメント（自分たちは、どのような施策を取るか）と、サプライヤーマネジメント（取引業者に対して、どのような施策を取るか）の2つの方法があります。

◉ユーザーマネジメント

ユーザーマネジメントは自社で達成可能なコスト削減の方法です。代表的なものとしては、「質の見直し」や「節約」がこれに該当します。社内に対する課題ですから、自分たちの頑張りやルール・制約を設けることで削減することができます。極端なことをいえば、福利厚生や社内備品を全て使わず、経費や接待も一切なしとすれば大きくコスト削減を図ることが可能です。

しかしその分、社員のモチベーションや社内の雰囲気に大きく影響を与えてしまう恐れもあり

《図7》 コスト削減を実現する2つの方法

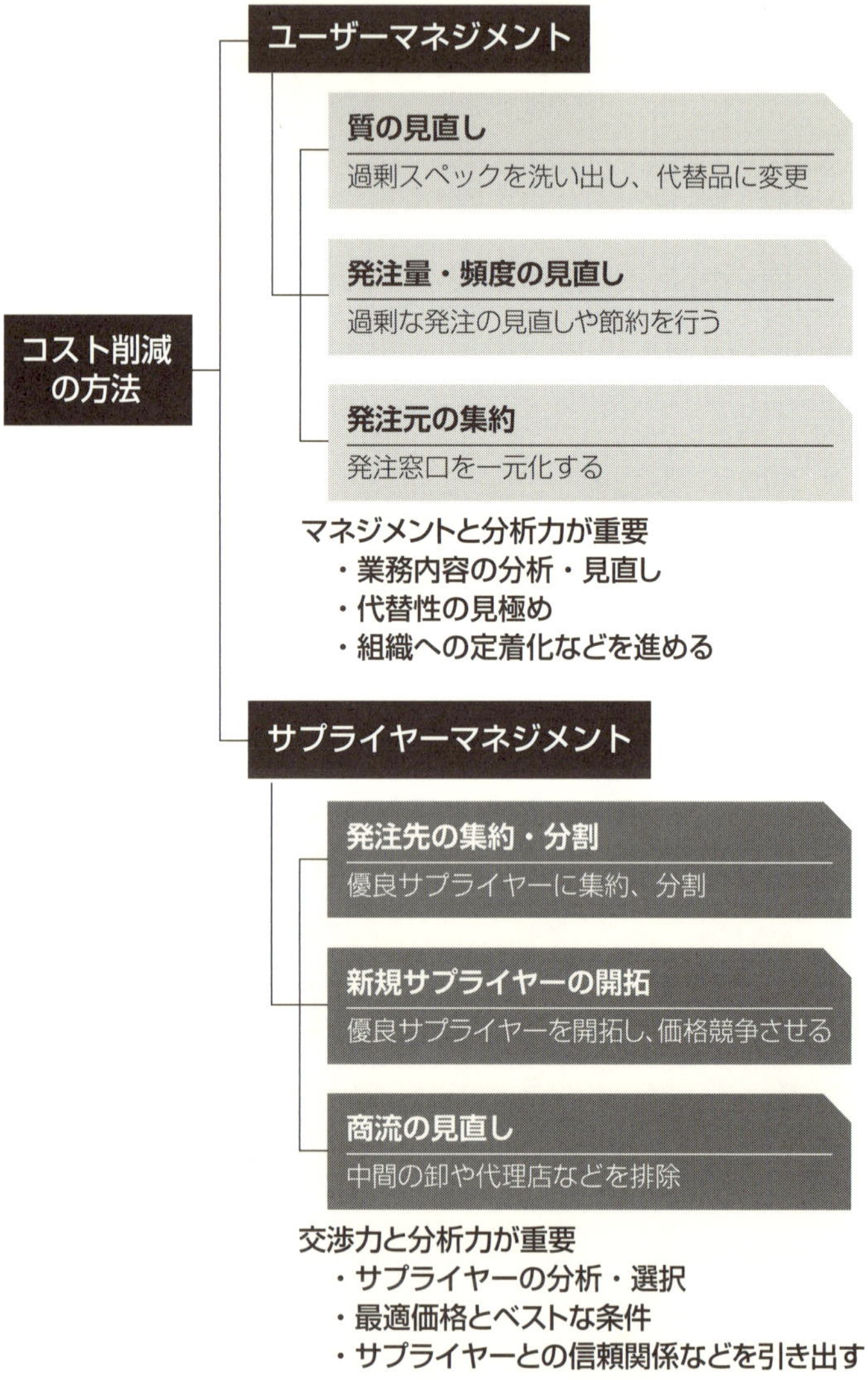
コスト削減の方法
ユーザーマネジメント
質の見直し
過剰スペックを洗い出し、代替品に変更
発注量・頻度の見直し
過剰な発注の見直しや節約を行う
発注元の集約
発注窓口を一元化する
マネジメントと分析力が重要
・業務内容の分析・見直し
・代替性の見極め
・組織への定着化などを進める
サプライヤーマネジメント
発注先の集約・分割
優良サプライヤーに集約、分割
新規サプライヤーの開拓
優良サプライヤーを開拓し、価格競争させる
商流の見直し
中間の卸や代理店などを排除
交渉力と分析力が重要
・サプライヤーの分析・選択
・最適価格とベストな条件
・サプライヤーとの信頼関係などを引き出す

ます。

自社で完結し、努力次第で削減できるという理由から、多くの企業で採用されている方法で、特にメーカー系や小売企業などでは積極的に取り入れられています。ただ、やりすぎ、つまり「節約、節約」と締め付けるばかりでは、社員のモラール低下を招きますし、前述したようにモチベーションにも影響してきます。また、実行には強力なマネジメント力が必要なこと、一度行えばそれでよしというものではなく、継続的に管理していくことが必須条件となります。最初はうまくスタートしても継続的に効果を出すことは難しく、結局はコスト削減前の状況に戻ってしまったというケースも多く見受けられます。

ユーザーマネジメントを取り入れ、自分たちの頑張り次第でコスト削減が可能であるにもかかわらず、なぜうまくいかない場合が多いのか？　おおむね次のような問題が考えられます。

- マネジメント層（経営トップ、部門責任者）の現場に対する理解不足
- コスト削減を適用する範囲とタイミングのミスマッチ
- 責任者の不在と設定目標の曖昧さ、場当たり的な展開
- コスト削減定着化のための社員の意欲不足、社員へのサポート不足

これらの問題をクリアし、トップがコスト削減に対する適切な考え方を持った上で計画的に進める必要があります。定着化に向けて進捗管理を行い、社風として自然に行えるようになるまで継続的に一つひとつの施策の結果をチェックしていかなければなりません。

◉サプライヤーマネジメント

サプライヤーマネジメントは、サプライヤーとの関係を強化し購買に関わるトータルコストを削減する戦略、つまり、サプライヤーの集約・分割・変更なども視野に入れた見直しと、取引条件の精査によるコスト削減の方法です。

現状のサプライヤーに協力を仰ぐ場合は、契約やサービスの改変を求める必要が出てきますが、サプライヤーが首を縦に振らない限り状況は変わりません。また、新規サプライヤーと取引を開始する場合は、複数のサプライヤーに見積もりや条件の提示を求め、最終的な候補に残ったサプライヤーとさらなる条件交渉を行う必要があります。そのため、サプライヤーマネジメントにおけるコスト削減の実現には、サプライヤーに対する担当者の交渉力が非常に重要になってくるのです。

《図８》　コスト削減が経営に与える影響

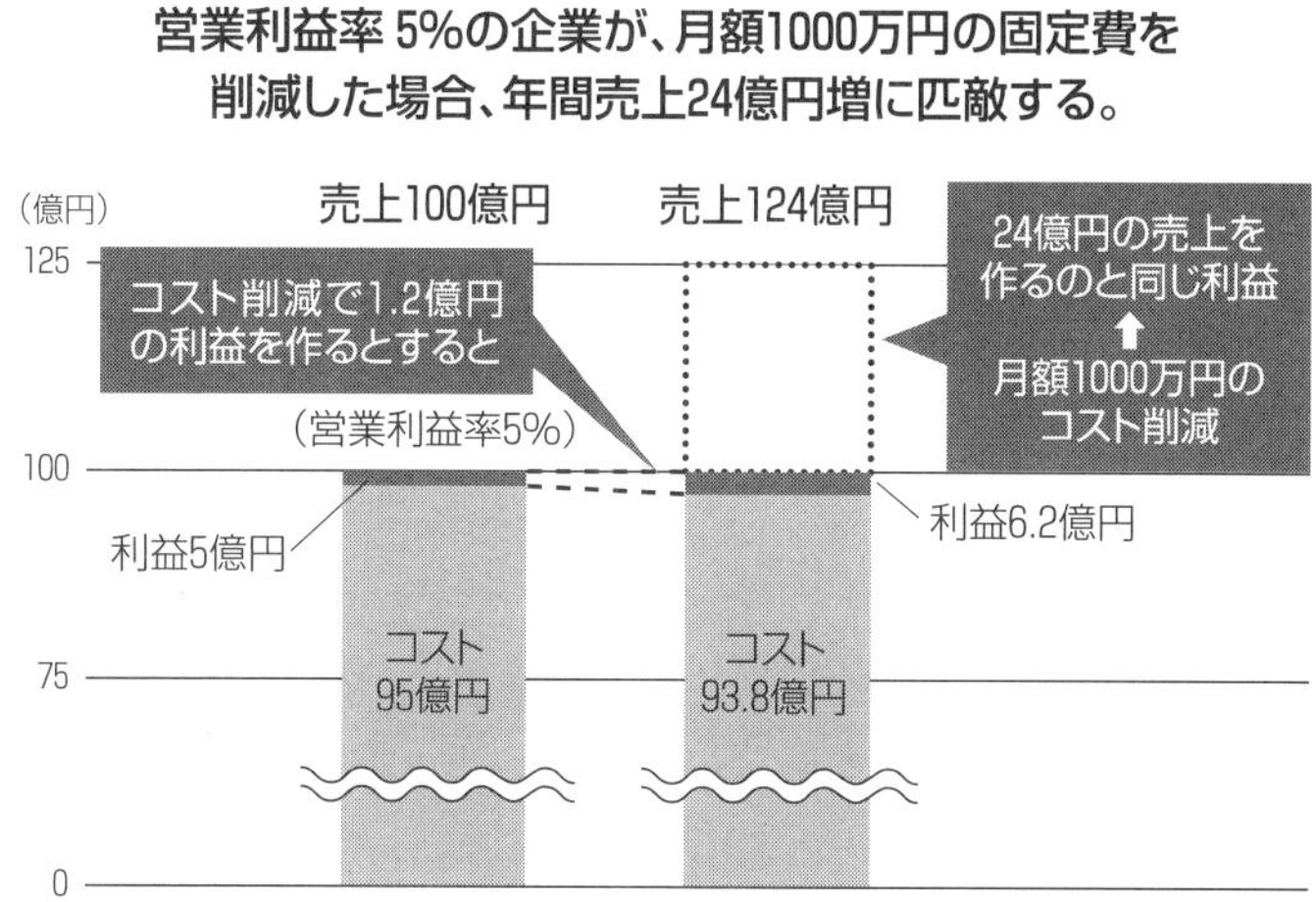
営業利益率 5%の企業が、月額1000万円の固定費を
削減した場合、年間売上24億円増に匹敵する。
（億円）
125
100
75
0
売上100億円
売上124億円
コスト削減で1.2億円
の利益を作るとすると
（営業利益率5%）
24億円の売上を
作るのと同じ利益
月額1000万円の
コスト削減
利益5億円
利益6.2億円
コスト
95億円
コスト
93.8億円

サプライヤーマネジメントの実際の効果を数字に置き換えて見てみましょう。

例えば図８のように、売上に対する営業利益率が５％、売上高１００億円の企業があったとします。

当該企業の月額の間接材（販売管理費など）費用を１０００万円下げた場合、営業利益に与えるインパクトは１・２億円になります。これと同じ営業利益を、年間売上を増やすことで実現させようとした場合、１・２億円÷５％＝24億円という売上を達成しなければなりません。いかにコスト削減の効果が大きいかお分かりでしょう。

サプライヤーマネジメントを実行しようとし

《図9》 交渉相手との取引失敗の改善策として、必要と考えていること（複数回答）

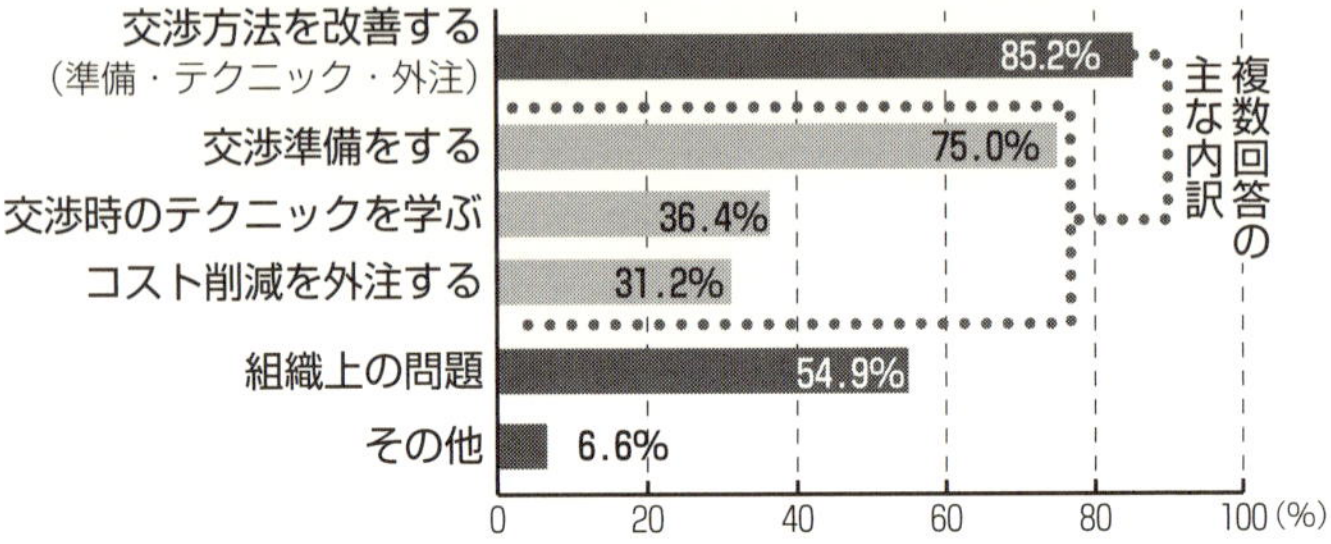
交渉方法を改善する
（準備・テクニック・外注）
85.2%
交渉準備をする
75.0%
交渉時のテクニックを学ぶ
36.4%
コスト削減を外注する
31.2%
組織上の問題
54.9%
その他
6.6%
複数回答の主な内訳
0
20
40
60
80
100（%）

出所：『月刊総務』とプロレド・パートナーズによる調査結果（企業162社）を集計（2014年）

た場合、サプライヤーとの交渉担当者、特に間接材を担当する管理部門や購買部など（中小企業の場合は役員クラスも多い）において、サプライヤーに対して強めの口調で自社の求める価格を要求するなど、取引量を背景に有無を言わさずサプライヤーに負担をかける、つまり「自己中心的な交渉」を行い、一方的な要求を強引に押し付ける企業が多く見受けられます。

しかしそれらは交渉とはいいません。強制もしくは説得であり、前項でも述べた通り、実際にそれらを交渉と考えている企業の多くはコスト削減ができていません。多くの費目でまだまだ削減の余地があり、サプライヤーに強制的な価格提示をしたとしてもさらに削減できる上、サプライヤーとの信頼関係も崩れている状況にあるというのが現実です。

実際の調査においても図９で示すように、取引上の失敗をなくすために「交渉方法を改善する必要がある」と答えている企業は、80％以上にも上ります。「交渉準備をする」、「交渉時のテクニックを学ぶ」、「コスト削減を外注する」という3つが主に挙げられました。

サプライヤーマネジメントは、利益を確保する事業構造を実現する非常に効果的なソリューションであり、その中で交渉が果たす役割は非常に大きく、コスト削減を実現させるのに必要な大部分を占めるといっても過言ではありません。しかし、実際、私が多くのクライアントと仕事をする中でも、交渉業務が誤解されていたり、認識できていないと思われる場面を多く目にします。交渉を強引に進めようとする人もしばしば見受けられます。

それらが改善され、クライアントにとってもサプライヤーにとっても、納得できる、ベストな取引が実現することを願ってやみません。

コスト削減において対象にすべきコストと、交渉力の必要な部門

◉何をコスト削減の対象費目とするか

　コスト削減を考えた場合、どの費目を対象にすべきかを決める必要がありますが、真っ先に考慮すべきは間接材コストです。間接材コストとは、製造原材料費以外の全てのモノやサービスにかかるコストのことです。

　直接材（製造原材料費）、間接材（販売管理費など）いずれの調達においても、企業はこれまで多くのコスト削減を行ってきました。原材料費は専門の購買部門により一定の素材や製品に対して長期にわたるコスト削減の取り組みを行い、評価に値する成果を上げている企業は数多くあります。サプライヤーは1社でなく、国内から国外に至る幅広い企業に及んでおり、シビアなコスト削減を実施しています。ゆえに購買部門の担当者には、高い交渉力を備え、いわば交渉のプロといっても差し支えない人も存在します。

　それに対して、間接材を扱う管理部門等の担当者は、一過性の削減や相見積もりの実施だけで

終えている傾向が強く、コスト削減のための交渉を主業務の一つとして認識していないのではないでしょうか。要はルーティンで行う管理業務の一種と考えている担当者が多く、意識的に交渉を行うことや、交渉準備をしてから交渉に臨むような担当者はあまりいません。相見積もりを取ればコスト削減が完了し、後は社内稟議《りんぎ》を回せばよいと考えている担当者が多いのではないでしょうか。

原材料費の購買部門と管理部門に、どれだけコスト削減に対する意識に違いがあるか簡単に確認する方法があります。

あなたは経営者だとします。原材料費の購買部門の担当者に、自社の原材料費の単価や他社が購入している原材料費の単価を聞き、管理部門の担当者には自社の宅配便の単価、清掃費の単価を聞いてみてください。購買の担当者は何も見ないですぐに答えられる人がほとんどです。しかし、管理の担当者は、ほとんど答えられる人はいません。

実際、次ページ図10で示すように直接材と間接材の見直し頻度には大きな差があるのです。

私が多くの企業のコンサルティングを行う中で、間接材のコスト削減ができていない日本企業

《図10》 直接材と間接材の平均見直し頻度

		直接材（製造原材料費）	間接材（販売管理費等）
平均見直し頻度		2.3年	7.1年
見直し頻度に差が出る主な理由	専門性・知識	ある	少ない
	専任担当の有無	ほとんどいる	いない場合が多い
	相場に関する知識	非常に詳しい	詳しくない
	交渉への慣れ	慣れている場合が多い	慣れていない場合が多い
	条件目標の設定	ほとんど設定している	設定しない場合が多い
	担当役員の関心	非常に高い	低い傾向にある

出所：プロレド・パートナーズのクライアントへのヒアリング結果を基に作成

は9割に達すると見ています。コスト削減が着実に施行されている大手企業は、メーカーではトヨタや日本電産などごく少数。飲食・小売ではトップ10のうちの1～2社。後はPE（プライベート・エクイティ）ファンド傘下の企業ぐらいという印象です。これらの企業は売上も伸びています。

　私たちがPEファンドの指名によりコスト削減のコンサルティングに入る企業の中で、ときに担当役員や管理部門から「弊社では売上を伸ばすため営業業務を優先しているので、間接材のコスト削減は優先しません」とか、「管理業務が優先であるため、コスト削減のための資料を提供する時間がありません」と言われることが多くあります。

さらに、交渉業務を聖域化し他者が入れないようにしたり、サプライヤーとの馴れ合い等の人的関係によりコスト削減の提言を妨げる場合も往々にして見られます。しかし、実際そのような企業はほとんど売上が落ちており、利益も悪化しています。売上が落ちている企業はコスト削減に非協力的で、伸びている企業ほど協力的というのは皮肉な話ではありますが。実際、私どもがコンサルティングをする際、協力的な企業の多くは売上が伸びており、またコスト削減においても積極的で良い結果が生まれています。

◉管理部門に交渉力が必要な理由

間接材コストの多くは総務部門や管理部門が発注するなど、管理が仕事と思われているそれらの部門は、次ページ図11で示すように多くのサプライヤーと取引しなければなりません。つまり、管理部門の担当者には管理力以上に取引における交渉力が求められるので、コスト削減を目的に交渉力を身に付けることが必要不可欠です。

また、管理部門はサプライヤーだけでなく、社内においても役員や社員とも常時交渉が求められます。他にも利害関係が複数あり、交渉が非常に多岐にわたるということから高度な交渉力が必要とされます。

《図 11》 管理部門は多くの関係者と交渉が求められている

管理部門はサプライヤーから好条件を引き出す交渉と、社内向けの調整交渉の 2方向の交渉が必要となる。

どちらも信頼関係を構築した上で交渉する必要があり、非常に重要かつ高度な交渉が必要になる。

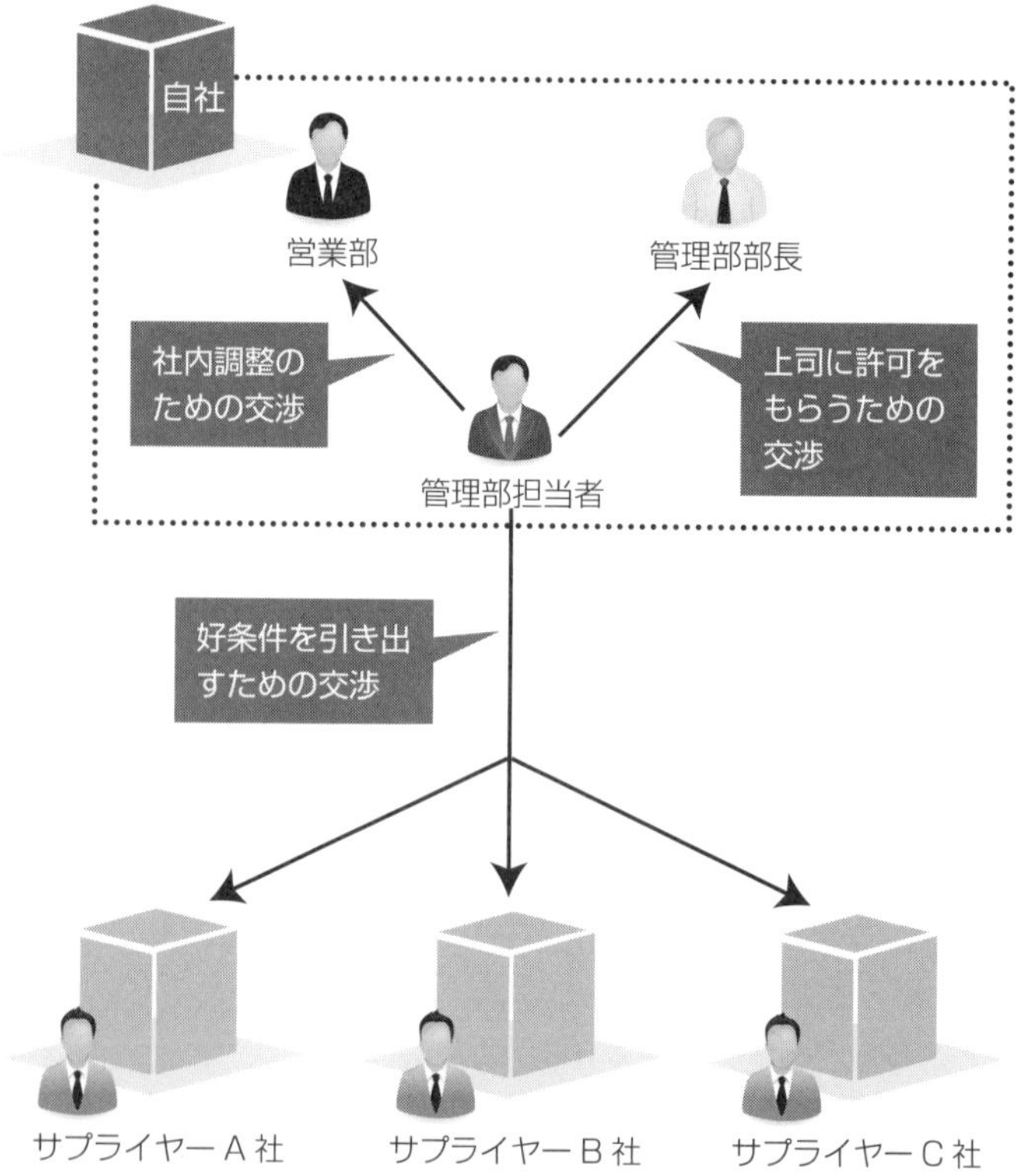

自社
営業部
管理部部長
社内調整のための交渉
上司に許可をもらうための交渉
管理部担当者
好条件を引き出すための交渉
サプライヤー A 社
サプライヤー B 社
サプライヤー C 社

管理部門はコストセンターと考えられがちだが、コスト削減や業務改善などにより、管理部門1人で、営業マン1人よりも大きな利益を生み出すことができる。まさにプロフィットセンターとしての役割が強い。

管理部門は営業に与える影響が少ない間接材コストを削減することで、コストセンターからプロフィットセンターへ変革できる可能性を秘めています。「コスト削減ができている企業＝交渉力がある管理部門」と考えられますが、このような企業は国内のリーディングカンパニーや外資・グローバル企業やＰＥファンドが傘下の企業に多く見られます。

その理由としては、上層部が管理部門を重要と考えており、優秀な人が配属される傾向にあること、管理部長は管理畑で転職を重ねたスペシャリストが多く、多くのサプライヤーや複数の企業での事例をよく知っていることなどが考えられます。優れた交渉力で「信頼関係の構築」と「ベストな取引条件」を引き出し、コスト削減を実現することによって、管理部門が会社全体の大きな利益を生み出すのです。

Break time

交渉相手への伝え方で、交渉結果は大きく変わる

情報の出し方や条件の伝え方は意外と難しい。言葉の表現や順番によって、同じ意味を示していても受け手の反応は大きく変わり、正反対の答えが出てくることもある。そして、その反応によって、その後の展開は大きく変わってしまう。伝え方によって相手の反応はなぜそこまで大きく変化するのか。事例を挙げて検証してみよう。

同じ意味ながら異なった言い方で2つの質問を3人にしたとする。

一つ目は「1〜100の中から整数を一つ選んでいただきますが、3人の中で自分が2番目に大きな整数となると思う数字を選んでください」という質問である。皆さんはどの数字を思い浮かべただろうか。100は必ず選ばれない以上、99も選ばれない。そうすると98、97あたりだろうか。この質問では、回答者の85%を超える人が90台後半から90台前半の数字を選んでいた。

2つ目は「1〜100の中から整数を一つ選んでいただきますが、3人の中で自分が真ん中の

整数となると思われる数字を挙げてください」という質問をした。その結果は、一つ目と大きく違ったのである。

２つ目の質問の場合、50台前後が6割程度、もしくは大きく数字が散らばるという結果になった。

質問の意味はどちらも同じである。しかし回答者は質問者の言い方によって受け取り方が異なり、回答に大きな違いが表れたのだ。

このような認識を踏まえれば、サプライヤーに何かを伝えたり要求したりする場合、冷静に相手の立場に立つことが大事であると分かる。同じ内容を伝えたとしても、少し表現を意識するだけで、大きく結果は変わってくる。

伝え方に関しては、多くの書籍が出ている。

ベストセラーになった『伝え方が9割』(ダイヤモンド社）もその1冊であるが、帯にはデートの誘いを例に結果が大きく変わる事例が出ている。デートで断られるだけなら大した実害はないが、サプライヤーへの伝え方で、会社の業績が大きく変化してしまう場合があることは肝に銘じてほしい。

第2章

コスト削減を成功させる交渉方法　I

～交渉時の心構えと姿勢

5つの交渉スタンスを意識し、3段階の交渉手順を踏む

皆さんが交渉といわれてイメージするのは、「打ち合わせ時の駆け引き」ではないでしょうか。しかし、これから本書で説明する交渉方法は、図12に示すように3つの段階を踏まえて行います。

◉交渉スタンスを意識する

最初の準備段階である「セッティング」。次に交渉相手と対峙する「ミーティング」。最後が合意後の詳細な取り決めや契約・手続きである「クロージング」です。コスト削減における交渉においてもこの段取りは変わりません。この3段階を経て最終的にコスト削減が実行されるのです。その一つひとつのプロセスは非常に重要で、どの一つが欠けても、あるいは安易に流してしまっても、交渉は失敗します。

まずは、最も大事な交渉スタンスを意識する必要があります。その上で、3つの段階を実行していくというイメージです。さらに3つの段階の中で、セッティングでは3段階、ミーティング

《図 12》 交渉フロー

交渉スタンス（交渉に対する姿勢や考え方）
交渉スタンスは非常に重要。そして管理部門での交渉は最良の条件を引き出すだけではなく、信頼関係を築くことが大事。

	A テクニック	B NG アクション
1 セッティング（交渉準備） 情報収集と分析 条件の整理 シミュレーション	◉交渉担当者は決定権を持ってはいけない。 ◉長期利益優先か短期利益優先かを検討する。	◉交渉対象の商品・サービスについて調査しない。 ◉無計画や目標を設定せずに交渉に臨む。
2 ミーティング（交渉） ヒアリング・入札 提案･見積もり 譲歩・条件交換 口頭合意	◉交渉相手と対立せず、相手側と同じ方向を向く。 ◉交渉相手を精神面で勝たせるようにする。	◉曖昧な要求や目標のない譲歩をする。 ◉目標以上の条件を手に入れようとする。
3 クロージング（合意） 条件の確認 契約の確認・締結	◉ほんの少しの条件の差は自社側で譲歩する。 ◉決まっていない条件はこちらから確認する。	◉合意しなかった交渉相手にも、合意しなかった理由と他社を選んだ理由を伝えず、丁寧な対応をしない。 ◉曖昧なことを残したまま終える。

《図13》 5つの交渉スタンス

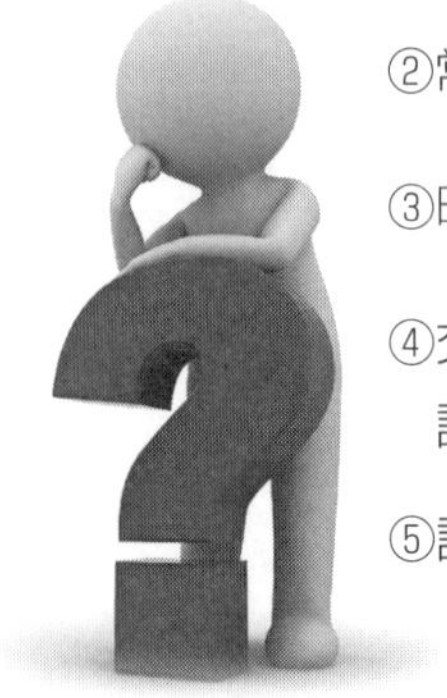

★5つの交渉スタンスとは

①常に交渉相手の立場に立って交渉する。

②常に交渉目的へ立ち返る。

③時間を常に意識する。

④交渉相手との「暗黙の共通ルール」を意識する。

⑤諦めない。固定観念を持たない。

では4段階、クロージングでは2段階とさらに手順が分かれ、それぞれに必要な段取りと交渉テクニック、NGアクションがあります。それらも全て「信頼関係の構築」＋「ベストな取引条件」を得るために重要なプロセスです。

◉5つの交渉スタンス

交渉スタンス、つまり交渉時の心構えと姿勢をしっかりと意識しながら交渉に臨むことは大変重要です。それによってサプライヤーとの交渉が改善され、大きな成果を上げることができるのです。

もちろん外部のサプライヤーだけではなく内部、つまり上司や役員、トップとの交渉においても同様です。交渉スタンスが曖昧だと、不本意な着地点で妥協してしまったり、目先の利益に流されたり、強硬な姿勢の相手に対し常に劣勢になっての対応を余儀なくされます。

交渉スタンスは図13の５点がポイントとして挙げられます。

①常に交渉相手の立場に立って交渉する。
②常に交渉目的へ立ち返る。
③時間を常に意識する。
④交渉相手との「暗黙の共通ルール」を意識する。
⑤諦めない。固定観念を持たない。

それでは、次の項からこれらの５つの交渉スタンスについて詳しく見ていきましょう。

①相手の立場に立って交渉する

◉無意識に精神的上位に立ってしまう

交渉がねじれてしまったり交渉方法が分からなくなった場合は、いったん相手の立場に立って考えるとスムーズにいきます。

5つの交渉スタンスはいずれも大切ではありますが、それでも一番大事なものを一つ挙げるとすれば、この「相手の立場に立って交渉する」こととなります。

「相手の立場に立って交渉する。そんなこと当たり前でしょう」と思うかもしれませんが、実際にはできていないことが多々あります。実は相手の立場に立つことは非常に難しいのです。

相手はこちらの言動から何を考えているかを読もうとします。こちらも同様に相手の言葉の奥に潜む思惑を探ろうとします。それは、相手の目的やウィークポイントを引き出して、優位に交渉を進めるために必要だと考えるからです。しかし、それらは「相手の立場に立つ」ことではありません。単に「ベストな取引条件」を求めるために相手の腹を探っている行為にすぎません。

前章で述べたようにサプライヤーとの交渉において重要なことは２つあり、「ベストな取引条件」を引き出す前に、まずしなければいけないのは「信頼関係を築く」ことなのです。論破などもってのほかです。相手の立場に立つのは、信頼関係を築くことを目的としなければいけません。そう考えると、日々相手の立場に立った交渉が驚くほどできていないと気付くはずです。

例えば、皆さんが発注する立場だったとして、次のような経験をしたことはありませんか。

何かの備品を購買するために、業者を複数社呼び個別に交渉することにしました。A社と打ち合わせをしている中で、同じ商品をB社が取り扱っていることが分かっています。そこでの態度はどうでしたか。先方の話を遮るように相槌《あいづち》を早めに打った。また、話を十分に聞いていないうちに質問をした。他の要件を優先し、打ち合わせの時間に5分か10分程度遅れて出席した。相手が熱意を込めて話しているのに、心ここにあらずで気のない返事をした。等々……

たかが相槌を早めに打つことが商談に影響を与えるのだろうかと思うかもしれません。また、前述したそれらの行為に対し、サプライヤーは何も感じていないかもしれません。でも、立場が逆であなたが営業マンであれば、同じような態度で接するでしょうか。同じ話を一度や二度聞いたからといって相槌を早めに打ったりせず、最後まで聞き通すはずです。
そして、もし、サプライヤーがあなたと同じ態度を取ったらあなたは何を感じるでしょうか。

結局は、相槌を早めに打つことも、全部を聞かないうちに質問することも、打ち合わせに遅れることも、気のない返事をすることも、発注者側という精神的に上位の立場にいるからこそしてしまうことなのです。サプライヤーもいつの間にかこのような対応に慣れてしまっていて、発注者側の態度を当たり前に捉えて、少しいらっとするときはあるけれど、まぁ高く売れればいいかと思っています。極端な言い方をすれば、発注者側のことを「お金」としか見ていないでしょう。

他にも値引き交渉時に「この見積もりでは話にならないですね、他に頼むしかありません」「この金額にならないと稟議が下りません」「他にも同じ価格の企業があるので」「もう少し何とかなりませんか」というような台詞を一度は言ったことがあるはずです。サプライヤー側も、それが対応できる金額であれば、一度持ち帰り、社内調整をして提示金額で合意するでしょうし、困難であれば「申し訳ありませんが、難しいです」と諦めるかもしれません。しかし自分たちが上位であるという認識を捨て、相手の立場に立てば、言葉のかけ方もずいぶんと変わってくるはずです。「すみません、この金額ではどうしても届かないのですが、何とか御社とお取引したいと考えて

《図 14》　交渉相手と同じようなスタンスで交渉できているか

チェックポイント	✓
打ち合わせ・電話・メール時は交渉相手と同じような言葉遣いか	
打ち合わせ時は交渉相手と同じような態度か	
交渉相手を待たせたり、打ち合わせに遅れたりしていないか	
交渉相手の話をしっかりと聞いているか	

います。金額でなくても、何か別のサービス面で譲歩していただけるような部分はございませんか」と言ってみてください。間違いなくサプライヤーもあなたの立場に立ち、あなたの意向をできる限り汲《く》むべく今までとは違った対応をしてくれるはずです。交渉スタンスについては一度、図14のチェックポイントを交渉後にチェックしてみてはいかがでしょうか。

◉交渉相手の様子もよく観察する

「相手の立場に立つ」という視点でサプライヤーの表情をよく見てください。渋々受けようとしているかもしれませんし、何か言いたそうな顔をしているかもしれません。もしくは数字を上げようと焦っている場合は、そのような顔つきをしています。交渉時にそのサプライヤーの挙動がどこかおかしいと感じたり、また何らかの危険を察知することがあれば、その会社の状況を調べるべきでしょう。場合によっては、契約を打ち切った方がいいかもしれません。

また、購入したいと考えている対象の商品がぎりぎり予算通りで合意しそうになった場合でも、サプライヤーの言動からその商品が赤字だと分かった場合は、それは契約すべきではないかもしれません。赤字のサービスを合意するような企業はいずれ潰れるか、近いうちに契約解除になる可能性が高いからです。そして、そのサプライヤー自身も単なる予算合わせの契約で、その後しっかりとしたサービスを提供するつもりはないということも十分に考えられます。

あなたがサプライヤーの立場に立ってその契約を考えてみてください。どのような意向により契約を結ぼうとしているのか。仮に赤字だとしても契約しなければいけないときとはどのようなときなのか、赤字でないと売れない商品とはどのような質の商品か、決算に向けて売上を上げる必要があるのか、キャッシュが厳しく倒産寸前なのか、もしくはサプライヤーの個人的な成績の問題なのか。

もちろん、相手の立場に立って考えるということを際限なく行うことは相当難しいでしょう。相手の心の中をのぞくことができたり、気持ちが手に取るように分かるなど、読心術やスピリチュアルな類のテクニックが使えれば別ですが、ここではそのようなものは求めません。

ここで述べる相手の立場に立つということは、万人に共通した当たり前の理解の中で考える＋α、相手の表情等をいつもよりしっかり見て感じたり、提示する文書やメールの内容を客観的に見直ししたりするということなのです。自分が相手の立場ならば、どういうことをしてもらえば嬉しいか、どういう態度をされればそっぽを向きたくなるか、それらのことに少しは気を回しましょうということです。

あなたが交渉相手を数多いサプライヤーの中の1社と見ているのと同様に、サプライヤーにとってもあなたは営業先の1社の一担当者でしかありません。一度、発注側という立場から離れ、受注業者なのだから何でも言うことを聞くべきだという先入観を排除し、こちらが営業をするつもりでサプライヤーと相対してみてもいいでしょう。相手が何を考え、どうしたらより良い価格で売ってくれるか、どのようにしたら嫌われないかが見えやすくなります。

基本的に商談とは、等価交換の話し合いです。媚びへつらったり自分を下に見せる必要はありませんし、威厳を振りかざす必要もありません。対等に話し合うという気持ちで向かい合えばいいのです。相手の気持ちに配慮しながら誠実に接すれば、自然といい結果が生まれます。

②常に交渉目的へ立ち返る

◉目的はつい見失う

交渉が進めば進むほど、つい忘れがちになるのが交渉目的です。オフィスの移転費用を予算内に収めることが大事であるにもかかわらず、社内システムのセキュリティの話が優先してしまっていたり、新規事業発表で、広報を通じてできる限り多くのメディアに来てもらおうと画策していたはずであったのに、自社のスケジュールを優先したり、あるいは価格優先で小規模な会場や不便な場所で発表したり、来てもらうメディアを厳選していたりと、いつの間にか交渉目的が見えなくなってしまうことが多々あります。

私自身ももちろん経験があります。

不動産ファンドに転職して間もない頃、3か月以内に10億円以上の物件を一つ購入するよう上司から指示されました。あるエージェントから50億円の物件と15億円の物件を紹介されたのですが、その後すぐに50億円の物件は他のファンドが購入する方向でほぼ決定しました。そのとき私は、15億円の物件はすぐ買えるにもかかわらず価格が大きい物件を諦めきれず、何とかエージェントに50億円の物件をこちらに回してもらえないかと執拗《しつよう》に交渉したのです。

結局それはかないませんでした。最終的には15億円の物件も他のファンドが購入することになり、両方とも手に入らないという事態に陥ってしまったのです。50億円の物件が難しくなった時点でエージェントに15億円の物件を買うとすぐに宣言すればよかったのですが、当時の私は、50億円の物件の方が金額も大きくファンドへのインパクトも強いと考え、そちらにこだわりすぎてしまったのです。

買うことができるのは一つで、10億円以上であればよかったわけですから、交渉目的を考えればすぐにエージェントとの交渉を15億円の物件に絞り、購入を進めればよかったのでしょう。そのときのこだわりの理由は金額以上に私自身のプライドもあったと思います。ファンドに勤めて間もなく年齢も若い中で、エージェントに舐められたくないと気負ってしまった部分もあったのでしょう。

◉何が交渉目的を見えなくさせるのか

いつの間にか交渉目的を見失ってしまうことは多くありますが、その要因は多くありません。ここに挙げる要因を絶えず意識していれば、当初の目的を忘れずに済むでしょう。目的を見失う要因は主に3点あります。

1.「プライド」。前述の例のようにプライドは、交渉においていろいろな邪魔をしてきます。企業に属し、決められた予算枠の中で最大限のパフォーマンスを上げなければいけない場合、個人のプライドなど出る幕はないはずなのですが、往々にして人は自らのプライドを最優先してしまうのです。「おれのプライドが許さない！」とばかりに、会社の利益や目的を見失い、個人の満足度を最優先にしている担当者の姿をよく見かけます。

2.「価値観の押し付け」。主に自分の仕事のスタイルや自社の倫理観の強要を指します。サプライヤーは他社の人間であることを認識していないのではないかと感じるほど強気な発注担当者による交渉場面を目にすることがしばしばあります。サプライヤーに自社の価値観や自分の価値観の共有を求め、それが理解されることを前提に一方的に植え付けようとするのです。例えば、報告書の体裁やメール・電話の対応について逐一細かく要求する、ビジネスマナーについて指摘したり、筋を通すことばかりをしつこく迫る、などです。

そのようなときは頭に血が上り感情的になっている場合が多く、本来の交渉目的が完全に見失われています。取引先から購入しようとしているものは価値観の共有やスタイルではなく、彼らのビジネスマナーを正すことでもないのです。それにより効率化される社内の業務が、交渉で削減される金額や双方の間で培われる信頼感より小さく、また、それらの指導時間に無駄なコストを使っていることも意識すべきです。もし、あなたの会社がビジネスマナーのできていない企業は信用できない、取引できないというのであれば、サプライヤーをとどめておく必要はありません。さっさと見切りをつけて次のサプライヤーを探せばいいのです。

3.「論破することへのこだわり」。交渉時に相手をやり込めるまで話し続ける人は少なからずいます。サービス提供を受ける中で、質の担保に関することや仕事を進める上で目的にかなった重要な事項であれば、どんどん意見を言うのは問題ないでしょう。むしろ重要なことだといえます。しかし、サプライヤーからの提案に対して辻褄《つじつま》が合わないことを事細かに追及したり、どうでもいい箇所の論理矛盾を得意そうに指摘しているのであれば、それは時間の無駄としか

《図 15》 交渉目的を見失いがちになる場面

具体的な場面
プライドを守ろうとしているとき
ルールや価値観に対して、繊細なこだわりを持っているとき
相手の説明や考えを論破しようとしているとき
時間がないとき
全体目的を見失い、部分目的を見て交渉しているとき
社内外からのプレッシャーがあるとき
感情的になっているとき

いいようがありません。

相手の立場に立って間違いや提案方法を指摘することは必要なことで、サプライヤーにとってもプラスになり、双方に信頼感が醸成されることも大いにあります。そうではなく、ただただ自分の論理を主張したいがために、相手をことごとく論破している交渉担当者もいるのです。そして、そういう人に限って自分を交渉上手だとか論理的だと思っていることが多いのですが、実際、私たちがコスト削減のコンサルティングに入ってみると、そのような担当者がいる企業は、コスト削減が実現できていない傾向にあります。

その他に交渉目的を見失いがちになる場面と

して、図15に示すように「時間がないとき」「社内外からのプレッシャーがあるとき」などが挙げられます。ついつい交渉目的を見失ってしまう場面ではありますが、そういう場面での対策方法は、自身で感情をコントロールするか、第３章に載せている交渉条件整理シート（Ｐ95、図22）に記入した交渉目的の部分を絶えず確認し、「常に交渉目的の成立を一番に考えること」を意識してください。また、交渉目的を見失うのは図15のような場面だということを意識しているだけでも、冷静に交渉でき、目的を捉えやすくなります。

サプライヤーとの交渉は、相手に苦情を言うことや、強い態度に出て謝罪させることが目的ではなく、相手と信頼関係を築き、よいサービスをベストな取引条件で提供してもらうことです。交渉目的を見失った時点で交渉できていないと認識してください。

③時間を常に意識する

●交渉における時間の重要性

時間は交渉において、何よりも優先すべき条件になることがあります。時間を軽く見た結果、自社にとって非常に悪い条件で取引せざるを得ない場合が出てきます。

例えば、オフィス移転に伴う社内のネット回線・電話回線に関する見積もりを取る場合を考えてみましょう。

当然、ネットも電話も引っ越し当日から使えるようにする必要がありますが、1か月前に各サプライヤーに見積もりと提案の依頼をしても、スケジュールがタイトであるために工事ができないと断られたり、通常より割高の提案が出てきたり、他の工事とのスケジュールが噛み合わなくなって全体に悪影響を与えたりする可能性が高いでしょう。

また、決算の都合で今期中に費用を落とす必要があっても、そもそも発注した時期が遅かったために通常プランだと納品が間に合わないので、特別プランの高単価で発注しなければならなくなった例も多く見られます。事業資金が必要なために、銀行からの借り入れをするときにも同じようなリスクがあります。当初のスケジュールで進めていれば問題なく借りられた場合でも、事前準備を進めていなかったために、低金利の銀行の審査や公的な借り入れは時間がかかり、スケジュールに間に合わなくなるケースがあります。結果として、すぐに借り入れ可能な高金利のノンバンクから借りざるを得なくなってしまう。当然、そのような状況で交渉などする余地はありません。

このように時間は往々にして金額に換算され、時間の厳しい中での交渉は間違いなく多額の出費を強いられる結果となります。また、当初はスケジュールに余裕があったとしても、時間が遅れていくことで徐々に交渉が不利になっていく場合も多く見られます。

金額的な影響だけでなく、サプライヤーへの対応面でも、タイムリーに返事をする、入札期間をしっかりもうける、見積もりを急《せ》かしすぎない、タイトなスケジュールで契約を要求しない、打ち合わせに遅刻しない、相手のスケジュールになるべく合わせるなど、信頼関係を構築する上でも時間は重要な要素であることを認識しておく必要があります。

◉時間管理の注意事項

交渉時の時間管理については、次の2点を守れば大きな問題が発生することはないでしょう。

一つは、交渉から契約・実行までを詳細にシミュレーションし、あらかじめ余裕のあるスケジュールを組み立てておくこと。

取引に絶対はありませんので、例えば1社のサプライヤーとの取引でも進めていくうちにスケジュールがタイトになり、価格の交渉余地がなくなるなど不利な状況になることが起こり得ます。スケジュールが厳しくなりそうであれば早めにリスケジュール（日程の再調整）することが必要ですが、もし当初のスケジュールを簡単には動かせない場合は、時間調整の難しいサービス対象項目だけを早めに進めるなどの対応によって、できる限り時間的に不利な状況を作り出さないようにしてください。

もう一つは、サプライヤーへのスケジュールの気遣いです。ある程度サプライヤーのスケジュールに応じることで、信頼関係が構築できます。例えば相手が決算までに売上を計上したい場合には、早めに発注したり、支払いをひと月早めに支払うことでサプライヤーは大いに感謝をしてくれるはずです。場合によってはサービスの拡充や価格のディスカウントにも応じてもらえるか

《図 16》 時間による影響を受け、交渉が不利になる状況

状況	交渉が不利になる理由
決算への影響や支払時期が限定される	キャッシュフローへの影響や税金（所得税・消費税）を抑えたいため
必ず契約しないといけない	契約満了や在庫切れのリスクがあるため
１社としか交渉していない	交渉しているサプライヤーと条件が合わなかった場合、新たなサプライヤーを探し、一から交渉する必要があるため
価格が変動する可能性がある	為替や株価等の価格が変動するものを取り扱っているため
契約締結日・実行日が限定される	資金手当てをしているため契約締結日を動かせない、契約することをプレスリリースしているため

もしれません。サプライヤーに対して、こちらのスケジュールを無理に押し通すのではなく、相手から出てくる日程も十分に考慮し対等な関係を保つことが重要になります。特に提案期間においては、サプライヤー側のスケジュールを尊重した上で、十分な期間と必要な情報を提供し、いい提案を引き出せるようにします。

ほかにも図16で示すような状況に遭遇した場合は時間による影響を受けやすいため、その状況を回避するように動くなど時間に気を付けながら交渉してください。そうすることでリスクは大きく減るでしょう。

少し特異な事例となりますが、時間が金額に与える具体例を挙げてみましょう。

私のクライアントが賃貸借契約における諸事情により、どうしても内装工事の見積もり提出の期限および工事期間がタイトにならざるを得ない状況がありました。工事期間は4週間、見積もりは1週間後というスケジュールです。1週間後の夕方4時には工務店3社の見積もりが出そろい、その日のうちに工事の発注先を決める必要がありました。

本来、工事の見積もりでは、工務店ごとに各費目を分解し、それを比較した上で各工務店と工事費の交渉を行うのが通常です。その作業により一番安い見積もりからさらに1~2割くらいは下がるのですが、そのときは作業を行う時間がありませんでした。そこで私は、逆に時間がないことを逆手に取ったテクニックにより交渉しました。相見積もりで一番安い価格だった工務店の担当者へ夕方5時に電話をかけ、以下の提案を行ったのです。

「今回、時間がタイトな中で見積もりを出してくれて感謝します。本日、発注したいと考えているのですが、まだ今回の予算からは300万円程度オーバーしてしまうのです。時間がなくて大変申し訳ないですが、今から30分で、さらに300万円程度下がる余地があるか検討していただけないでしょうか。難しい場合は次に金額の安かった工務店に聞く必要があるので、30分に限定させてください。時間のない中で申し訳ないですが、何とか検討をお願いします」

そして、30分後、その企業から300万円ダウンの承諾を無事得ることができ、夕方6時には発注することができました。通常は1~2割くらいのダウンがいいところですが、そのときは結果として3割ダウンとなったのです。

いささかできすぎた例ですが、時間的な制約がかかることで交渉の余地がなくなることは理解していただけたと思います。この例では、工務店は30分しか検討の余地が与えられておらず、その検討時間が過ぎて「イエス」でなければ、次の工務店に権利が移ってしまうという状況でした。もちろんこのようなテクニックは状況判断や、交渉相手との関係性もありリスクが高いため、使用する場合は慎重に行わなければなりません。

④交渉相手との「暗黙の共通ルール」を意識する

◉発注者側とサプライヤーは合わせ鏡

交渉相手との「暗黙の共通ルール」を常に意識することが大事です。感覚的なことではありますが、交渉をスムーズに運ぶためには非常に重要な要素となります。グローバルで取引する場合は、商取引の慣習が異なることも多いので難しいこともありますが、国内企業同士の取引の際はこの「暗黙の共通ルール」の必要性は意識したいものです。主に発注者側が「暗黙の共通ルール」を無視する場合が多いようです。

「暗黙の共通ルール」についてもう少し詳しく説明しましょう。端的にいえば交渉相手への対応やコミュニケーションにおいて、交渉の中でいつの間にか成立しているルールのようなものです。長期的に取引をしている中で、「このサプライヤーは要望が多い」「細かいことを主張する」「時間に厳しい」などと相手に対する評価は次第に確固たるものになっていきます。各サプライヤーの企業文化や、担当者の資質の違いにより生じるわけですが、実はそれだけとはいえない部分もあります。サプライヤーの対応は、発注者側の対応に次第に似通っていきます。発注者側が時間にルーズな対応をすれば、サプライヤー側も同じようにルーズな対応になるのです。

発注者側が入札のスケジュールを突然何の前触れもなく変更したり、サプライヤーが投げかけた質問にいつまでも回答しなかったりということを繰り返せば、サプライヤー側も多くの場面でスケジュールを守らなくなります。「あの会社は言うことを聞かない」と怒っても、もしかすると発注者側の姿勢や言動に問題があり、サプライヤーの質を低下させ、交渉を難しくさせているのかもしれません。双方は合わせ鏡のような関係ともいえるのです。

◉論理的に説明し、納得を得る

「暗黙の共通ルール」の中で重要なものを次ページ図17に示しましたが、その中でも最も重要なものは論理的な考え方を交渉相手とルール化することです。そのために、こちらから相手に何かを訴えたり要求をしたりする場合、常に論理的な主張で相手を納得させることが必要です。BtoBの取引においては、当然サプライヤー側も継続的に利益を上げていかなければなりませんから、筋が通らない無理難題をひたすらお願いされたとしても、会社に持ち帰りそれを上司に伝え

《図 17》 交渉相手との対応・コミュニケーションに影響を与える交渉時の行動

交渉時の行動
論理的な伝え方
スケジュール感覚やレスポンスの速度
一貫性を持たせた条件や方針
責任感のあるルールや取り決め

たり、社内稟議を通したりするのは一苦労です。結局、サプライヤー側の担当者が決裁を取るための理由を見つけられずに頭を抱え込むことになります。

論理的な説明なしに先方に金額の削減を要求する場合、ほとんどは脅し、強制もしくはお願いに集約され、サプライヤーとの信頼関係が崩れます。こちらが論理的に主張をすることで先方も初めて論理的に対応し、信頼関係が維持され、その後の契約も継続されるのです。

例えば、サプライヤーから契約を変更してほしいという申し入れがあった際、論理的な理由を説明してもらうことは当然必要ですが、普段こちら側がそれをしていなければ相手から正当な理由を聞き出すことは難しくなります。「論理的に考え、話し合う」というサプライヤーとの「暗黙の共通ルール」を持つことは非常に重要なのです。

◉突然、変更を言い出す相手とは信頼関係は築けない

同様に、たびたび方針や進め方を変更するというのも「暗黙の共通ルール」を無視したやり方で好ましくありません。交渉において、部分的に決まっていたものを途中で変更するということは先方に大変な負担を強いることになります。いきなり悪びれもせず「やはり社内協議した結果、○○で決まっていた条件はいったん取りやめて、一から条件を考えていくことになった」と言われたら、サプライヤーの交渉担当者とその企業はどう感じるでしょうか。担当者が今まで社内で同じ部や課のメンバーや上司などに説明していた内容と全く違う状況になったことで、これまで積み上げた社内での信頼関係や数値目標がガタガタに崩れてしまうことになります。発注者側への信頼感は完全に失われるでしょう。担当者だけでなく企業としても、今後の方針としてこれまでのような取引を継続できないという判断を下すことも大いにあり得ます。

業界内で決して良いとはいえない噂を立てられている企業をたまに見かけますが、そのようなレッテルを貼られてプラスになることはありません。また、発注者側が無茶苦茶な対応をするこ

とが許されるなら、サプライヤー側もそのような対応をしても大丈夫ということになります。スケジュールが厳しい中で最終的に決まったサプライヤーから契約段階になって、「やはりこの金額では難しいです」と言われて怒ったところで「前回、御社も直前で条件を変えましたが、それは棚に上げるのですか」と言われれば何も言い返せません。

一度信頼関係が損なわれてしまうと、これまでのようにビジネスを続けるのは相当厳しくなっていきます。基本的には自社で起こした問題のある行動や対応は、サプライヤーからも起こり得ると考えて対応すべきでしょう。逆に考えれば、「暗黙の共通ルール」が全く通用しない場合は、その企業との取引をやめるべきと判断する指標となります。

⑤諦めない。固定観念を持たない

◉固定観念が落とし穴

コンサルティングに入っているクライアントから、「サプライヤーと価格交渉する余地のないケースや費目がある」と言われることが多々あります。

それはどのようなものでしょうかと尋ねると、おおむね図18に示す６つの答えのいずれかが返ってきます。どれも多数のクライアントから出てきた答えです。それらのクライアントの約８割が「弊社はコストに関しては全て見直しており、すでにコスト削減の余地はありません」と胸を張ります。しかし、こちらで一つずつ費目を確認し、少し高いと感じる費目に対して交渉の有無を確認すると、次ページ図18のような理由を挙げて「この分に関しては交渉していない」と言います。

確かに一見すると交渉しにくい理由ではありますが、実際はどれも交渉の余地がないとはいえません。

《図18》 価格交渉できないと考えてしまう主な理由

主な理由
価格が契約等で固定されている
すでに契約しているため、価格交渉はできない
サプライヤーが大企業である
当該製品の取り扱いサプライヤーが1社しかない
相場と比較して、商品が低価格である
以前、価格交渉で断られた。もしくは増額提示を受けた

例えばホームページ作成会社を選ぶ場合、何社かのサプライヤーの見積もりを見比べて毎月の運用維持管理にかかる金額の大小で選ぶことはないでしょうか。7万円、5万円、3万円とあれば、3万円の企業を選んでいるケースが多いと思います。7万円の企業は3万円にならないのか、5万円の企業は2万円にならないのか、そのような価格交渉をしている企業はほとんどありません。運用維持費はすでに固定された金額で、交渉できる費目ではないと思い込んでいるからです。もちろん簡単に下がるわけではありませんが、丁寧に交渉することで減額できる可能性もあるのです。

また、商品の取り扱いサプライヤーが1社しかないというケースはどうでしょうか。こちらがその商品を提供するのは1社のみと思い込んでいたとしても、サプライヤー自身は広い業界には似たようなサービスが存在し、そのサービスを提供している企業も複数あると認識しています。

一例を挙げてみましょう。

ある企業がオフィス移転を計画しています。移転を想定している場所に同じようなスペックと価格のビルは多々ありますが、その企業は窓の大きさや駅から1分以内の立地にこだわっています。さらに、１００坪クラスでワンフロアにトイレが2つは欲しいとも考えています。

仮にそのような要望に見合うビルが一つしかない場合、値引き交渉をすることはとても勇気のいることで多くは交渉の余地はないと考えます。確かに店舗であれば個別性が重要となることはビルオーナー側も理解していますが、オフィスとなるとそのような細かな部分にテナント側がこだわっていることをあまり認識していません。競合となるビルが多数ある中で、何とか自社のビルを選んでほしいという思いがあります。よって、値引きやフリーレント（賃料無料期間）に応じることは往々にしてあるのです。

◉削減が不可能なコストなど存在しない

コスト削減を多く経験してきた私たちからすれば、最初の減額の申し入れに対してサプライヤーの多くが断ってくることは承知しています。しかし粘り強く交渉することで減額の可能性は高まり、減額幅が広がることも経験しています。万一、交渉を重ねた上で減額に応じなかったとしても、次回、全社的にコスト削減を行う中でサプライヤーに減額を申し入れれば、ほとんどの場合で応じてくれます。

継続的な業務やサービスを発注する場合、一度契約してしまうと基本的に価格は固定化されますが、全く交渉の余地がなくなるわけではありません。粘り強く交渉し月額10万円を減額すれば、3年間で360万円のコスト削減になります。自社の営業利益率が2％である場合、売上ベースで考えると1億8000万円の売上に匹敵するのです。

コスト削減における交渉は非常に難しい業務ではありますが、それを行うチャンスはそう何度もありません。どのような交渉内容、どのような交渉相手であっても、最善を尽くしてコスト削減交渉を行ってください。絶対に下がらないと思う見積もりや大企業相手であっても臆することはないのです。

　また、交渉が難航するほど気まずい雰囲気になりやすいものですが、だからといって早々に交渉を切り上げるのではなく、その雰囲気を乗り越え、主張をはっきりと述べ、堂々とした態度で交渉してください。簡単に折れず沈黙に耐え、決して自分から「今回は削減いただかなくても、次回検討していただければいいですよ。上司にその旨説明します」などと、簡単に妥協するような発言はしないでください。

　コスト削減における交渉は簡単なものではありません。それ相応の厳しさがあることを頭に置いて固定観念を捨て諦めずに交渉に挑めば、必ずベストな取引条件を引き出すことができます。

Break time

欧米でよく使われる交渉テクニック

【ステア・ディシシス（stare decisis）】

主張の根拠を先例のルールや考えに基づいて、提示するテクニック。

《例》「おっしゃるように、契約では価格変更はできないことになっています。ただ、以前に取引のあったサプライヤー様も同様の契約でしたが、経済情勢や為替に応じて柔軟に価格の相談に乗っていただいておりました。貴社も価格の見直しをご検討いただけないでしょうか」

【ウェイ・オプション（weigh one's options）】

どれを選ばれてもいい条件を複数提示し、交渉相手に選ばせるテクニック。

《例》「半年間のフリーメンテナンスを設けるか、年間報酬を10％削減するか、どちらがよろしいでしょうか」

【ニブリング（nibbling）】

交渉の最後（口頭合意の前後）に追加で軽い条件を要求し、受け入れさせるテクニック。

《例》「ありがとうございます。その価格であれば、ぜひ契約を更新したいと思います。ただ、更新日が10月になっていますが、価格の改定は9月にしてくれませんか」

【テイク・イット・オア・リーブ・イット（take it or leave it）】

提示した条件で契約するかしないかと２択を迫るテクニック。

《例》「弊社からの最終的な条件は月額90万円の２年契約です。それ以上は譲歩できません。この条件を受け入れられないのであれば契約していただかなくても結構です」

【ヘアリー・ハンド（hairy hand）】

一番の弱点から遠ざけるために、それ以外の弱点を見せるテクニック。

《例》完成した製品に一から作り直すような修正（Ａ）と些細な修正（Ｂ、Ｃ）があった場合……「先にこちらで確認した修正部分を伝えておきます。Ｂの部分はすでに修正作業に入っています。また、色やデザインに関してはいかがですか?」「Ｃの色が少し異なっていると感じるので修正してくれませんか？　それで全てＯＫです」「なるほど、そうですね。承知しました。修正します」

第3章

コスト削減を成功させる交渉方法　Ⅱ

～セッティング、ミーティング、クロージング

1 セッティング（交渉準備）

◉交渉結果の9割は交渉準備で決まる

図19に示すようにコスト削減を標榜《ひょうぼう》していながらそれができていない企業のほとんどは、サプライヤーとの交渉時に適切な準備をせずに交渉の場に臨んでいます。

事例を挙げてみましょう。

通信販売用の倉庫を借りるべく倉庫業者と新規の契約をしたケースです。倉庫業者から月額100万円の固定費がかかりますと言われ、発注担当者はそれが相場だろうと思いながらも、一応は相見積もりを取って最低3社からヒアリングしました。一見問題がないように思える進め方です。

しかし、通販用の倉庫業界は単純に倉庫を貸すだけではなく、倉庫内の対応業務から3PL(third-party logistics)まで、さまざまな業務・業種が存在する業界です。システム料が別であっ

《図 19》交渉準備が交渉結果に与える影響

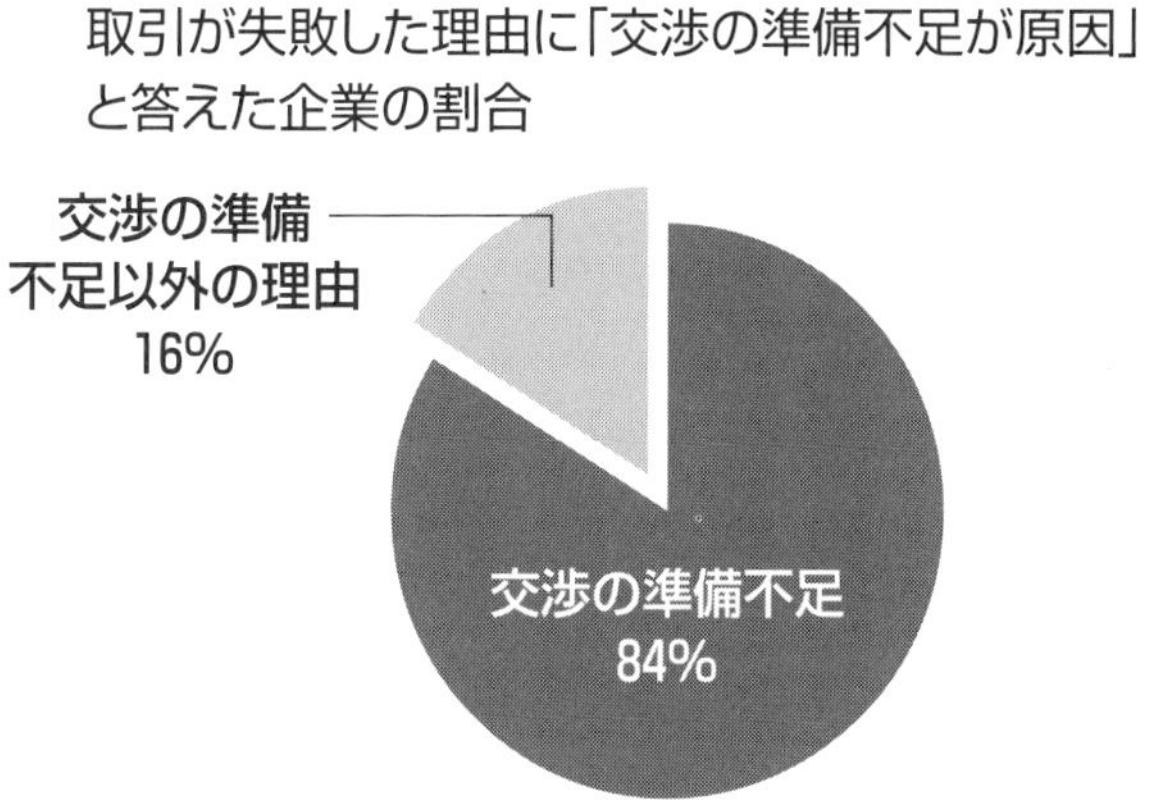
取引が失敗した理由に「交渉の準備不足が原因」
と答えた企業の割合
交渉の準備
不足以外の理由
16%
交渉の準備不足
84%

出所：『月刊総務』とプロレド・パートナーズによる
調査結果（企業162社）を集計（2014年）

たり、時間的な制約や対応スピードが異なったりと、多くのプラスアルファの要素が加わってくるのです。

担当者はそうした要素を知らない中で交渉を始めてしまったことを反省し、慌てて一から倉庫業界を勉強することになり、その複雑さ、奥の深さを改めて思い知ることになりました。業者からは「何も知らない」と足元を見られ、結果、通信販売事業の立ち上げも当初の予定より大幅に遅れることになってしまいました。

このような事例は珍しいことではありません。中には一から丁寧に説明してくれ、いろいろ相談に乗ってくれるサプライヤーもいます。担当者はそのような〝親切な〟サプライヤーを信頼

《図20》 セッティング（交渉準備）の流れ

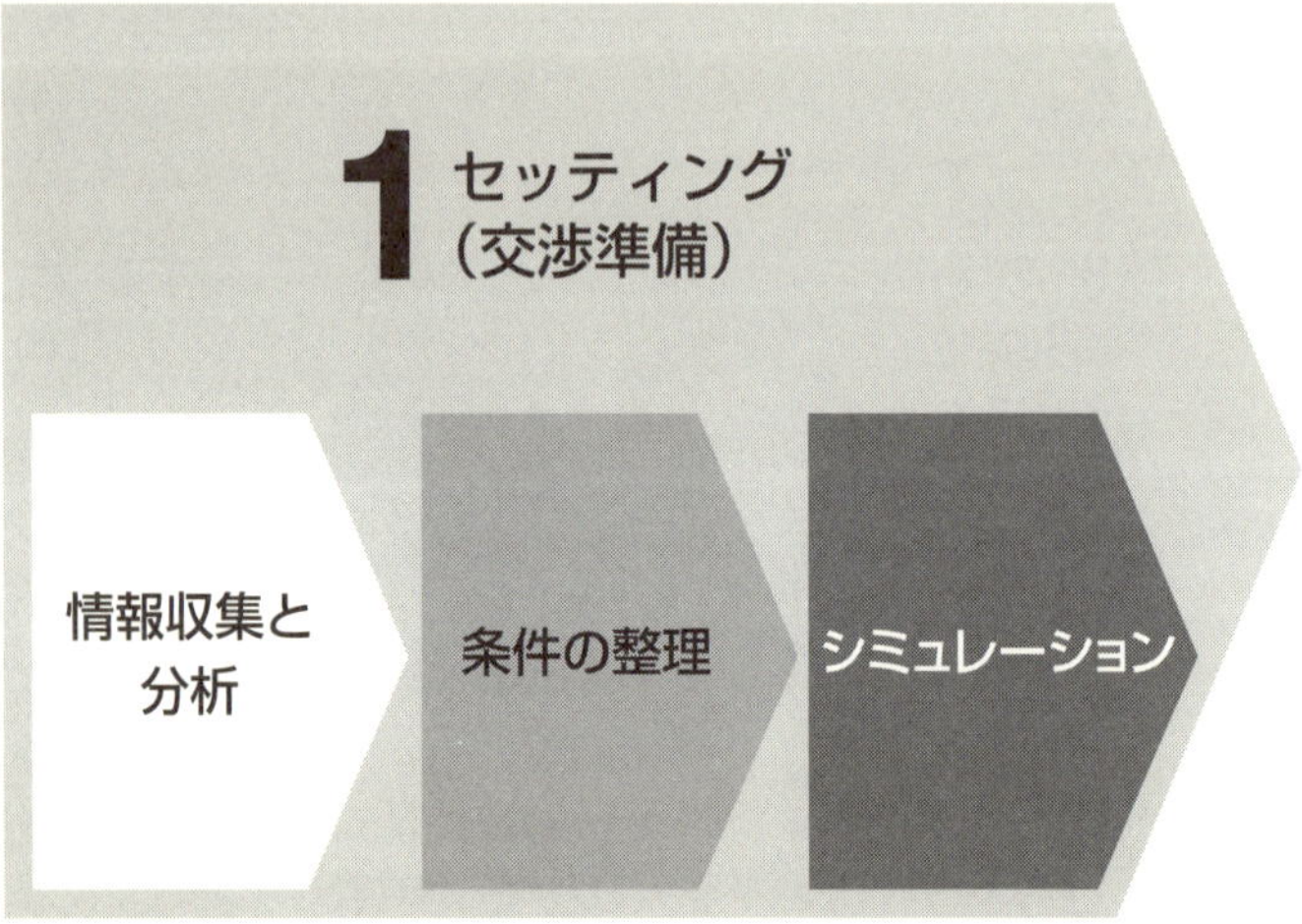

しがちで、条件や内容を吟味しないまま依頼してしまうことがままあります。事前に調査するという発想そのものがありません。そして、あとから随分と高い買い物をしてしまったことに気付くことも珍しくないのです。

急がば回れではありませんが、交渉準備をすることがマイナスになることは決してありません。これからお伝えする、図20に示した交渉準備のステップである「情報収集と分析」「条件の整理」「シミュレーション」の3つを実行することで、飛躍的に良好な交渉結果を得ることができるでしょう。

◉交渉に必要な3つの要素

交渉のための情報収集において、必ず調べなければならない要素は次に挙げる3点です。実際に

《図 21》 交渉前に調べるべき３つの要素

交渉前に調査すべき要素	具体的な調査内容
サービスや商品内容について	サービスを利用する目的は何か 目的に沿ったサービスには何があるか
	競合製品・代替製品は無いか
サプライヤーについて	上位３社はどのような企業か
	各サプライヤーの特徴や強み弱みは何か
	既存サプライヤーと同規模の企業はあるか
スイッチング（サプライヤー変更）リスクについて	コスト（手間、解約違約金はかかるか等）
	リレーション（人間関係、ブランド等）
	クオリティ（品質、機能性、スピード等）

調べる際は図21を参考に情報収集してください。

①買おうとしているサービスや商品は的確か？

一つ目は競合・代替製品・サービスの情報です。今利用しようとしているサービスや製品が本当に的確なのか。例えばコピー機をリースする場合、複合機を選ぶという視点から探すのが普通ですが、最近では無制限に利用しても価格固定となるインクジェット・プリンターもあります。しかし、複合機のサプライヤーからはそのような提案が出てくることはありません。

また空調コストを下げるために冷媒ガスの購入を検討している場合、冷媒ガスを購入するのが目的ではなく空調コストを下げること、さらにいえば電気料金を下げることが目的だということに立ち返れば、代替製品を探すといった視点からも検討ができるようになります。どこをポイントにして適したサービスや製品を探すのかは、常に意識する必要があります。

②サプライヤーの情報は収集したか？

2つ目はサプライヤーの情報です。サプライヤーはどの程度の数があるか、大手はどこか、それぞれどのような特徴があるかなどの情報は欠かせません。

以前あるクライアントが、Aサプライヤーには集中的に発注しているのにBサプライヤーとは取引をしていないことが判明し、「なぜBを使っていないのですか」と尋ねたところ、Bの存在自体を知らなかったとの答えが返ってきたことがあります。特にシステム関連の備品を扱う業界や取引高の少ない業界は、ネットで情報を拾えない場合があるため注意が必要です。

例えば、あなたは清掃会社を3社挙げることができるでしょうか？

このような分かりづらい業界の場合、サプライヤーを念入りに調べ、大手上位3社程度の情報は入手してください。大手がなく中小が混在している業界では、5社程度は調べておきたいところです。

初取引の場合、思いもよらない価格差が出てくることは珍しくありません。業界によっては、知識の乏しい客先から高額のサービス料を恒常的に請求していることもよくあります。１０００万円以上のサービスや商品を購入するのであれば、その分野の専門家に相談料を支払い、助言を基に購入を検討するのも一つの手でしょう。

サプライヤーを調べる方法は、ネット検索、業界専門誌、同業他社の知り合いや専門家へのヒアリングなどが挙げられますが、特にネットはその業界の専門家のことも簡単に検索できるので便利です。また、後のミーティングの項でも触れますが、サプライヤーから競合企業の情報を聞き出すという方法もあります。「御社の競合となる企業はどこになるのですか」「このサービスだとA社も競合ですよね、他にB社も競合となりますか」などの質問に、競合や業界構造を抵抗なく教えてくれる担当者は少なくありません。少し高度な情報収集になりますが、各サプライヤーの強みと弱み、サービス・製品のうち自社で持っているもの、協業パートナーに依頼するもの、代理店として扱っているものなども知りたいところです。

また、サプライヤーがサービス提供できるエリアはどこになるかということも重要です。交渉しようと見積もりを依頼したら「エリア対象外」と返答があり、急遽《きゅうきょ》サプライヤーを再選定しなければならなくなった……ということもあるので気を付けてください。

③スイッチ（変更）できるか？

3つ目はサプライヤーをスイッチできるかということです。これまでのしがらみや人的つながりがある場合、スイッチはなかなか難しいものがあります。また、システム上、そのサプライヤーしか対応できない場合もあるでしょう。仕様や品質、ブランド、スピードがそれに相当します。

一見スイッチ不可能と思えることでも、「この費目のサプライヤーはスイッチも価格交渉もできない」などと簡単に結論を出すのは避けたいものです。例えば「中途解約時は、多額の違約金が発生する」と記載されていても、新規サプライヤーがそれを負担してくれる場合もあります。どうしてもスイッチできない場合でも、コスト削減の交渉ならば可能かもしれません。

◉その他の調べておきたい情報

可能であれば調べておきたいその他の情報を挙げてみましょう。

まずは価格。購買しようとしているサービスや製品の相場はどの程度なのか。BtoBの場合、価格はホームページ等にも載っていないことが多く、サプライヤーによって大きく異なる業界もあります。また、サービス内容や品質も事前に細かく調べておくべきでしょう。特にITやコンサルティングは、ハイスペックなサービスに対して、割高な金額を支払っている事例も多く目にします。実際そこまでハイスペックなものが必要かどうか、このサービスが本当に自社に適しているのかどうか、マーケットから見て妥当な金額なのかどうかをシビアに検証しましょう。

サービスは、導入したところイメージしていたものと違ったということも珍しくありません。サプライヤーとの打ち合わせの中で、自社に合うサービスかどうかをしっかりと見極めればいいという意見もあるかもしれませんが、サプライヤーは仕事を受注する立場ですから、発注者側の意図と多少違っていると思ってもそれを口に出さず、発注者側の要望に合わせて話を進めることも往々にしてあります。目的は何かを再確認した上で本当にそのサービスでいいか、購買する製品に間違いはないかなどについて、事前に自社でも情報収集して検討しなければなりません。

自社と取引相手のパワーバランスにも考慮する必要があります。具体的には、自社が発注しようとしている製品やサービスが、大手サプライヤーから見れば少額であっても、中小サプライヤーには高額だという場合などです。つまり、中小サプライヤーにとって「ぜひ受注したい案件」であれば、発注者側が価格交渉において有利に展開できる可能性が高まるということです。

また、取引規模が小さくても発注者側が大手企業であれば、今後の取引次第でサプライヤーの売上が拡大したり、他社への宣伝になる可能性が高いと判断される場合もあります。これもまたサプライヤーにとっては「ぜひ受注したい案件」となり、発注者側の優位性が高まります。パワーバランスとは、要はサプライヤーにとって重要な案件かどうかの見極めに他なりません。

すでに取引している製品やサービスの契約内容の確認も重要です。サービス内容の中でも、特にオプションやサポート内容は細かく把握し、新たなサプライヤーとの交渉に反映する必要があります。また、契約期間と中途解約条項はしっかり読み込んでおきましょう。取引経緯も把握しておいた方がベストです。どのような経緯で現状のサプライヤーが選ばれたか。紹介なのか、営業なのか、こちらから呼び寄せたのか、入札したのか、交渉したのか、サービス内容はどのようにして決めたのか、などが論点となることもあるからです。

◉情報収集の次は条件整理

交渉を始める前に、予算、購入条件（品質、納期、サポート内容など）、購入目的、サプライヤー選択の条件などを改めて整理する必要があります。特に品質は価格調整しやすい条件となるため、あらかじめ品質条件を設定し品質の確認を行うことが重要です。また、絶対に受け入れられない条件と譲れない最終着地点（ボトムライン）も決めておかなければなりません。この2つをのんでもらえないサプライヤーとは絶対取引できないという決意を持って交渉に臨む必要があります。

例えば、今回の取引はスピード感が重要で、問題が起こった場合は3日以内の対応が絶対必要というケースであれば、サプライヤーに対応能力があるかを事前に確認しておく必要があります。また、エレベーターの保守メンテナンスにおいて、どうしてもメーカーによるメンテナンスでなければいけない場合、サプライヤーを選ぶ時点で独立系の業者を外す必要があります。社内においてどのような条件を重視するか、絶対に譲れない条件は何かなどを整理してから交渉を行うことで、サプライヤーとの打ち合わせや交渉の進行がスムーズになります。

さらに、いきなりボトムラインを切り出すわけにはいきませんから、目標とする価格（ターゲット）の設定も必要です。ターゲットの設定は交渉相手にヒアリングしないと分からない場合もあるので交渉を始めてから設定してもいいのですが、必ず設定するようにしてください。設定しないと交渉中に主旨がぶれたり、一貫性がなくなるというような事態を招きかねません。

交渉相手への質問事項も整理してください。サプライヤーの対応スピードや対応エリア、対応範囲、絞ることのできる取引条件、サプライヤーにとって良い契約か、取りたい契約かなど、こちらが知りたい質問をあらかじめ整理しておきましょう。

入札する場合は、「入札要綱」を作成する必要がありますが、一通りサプライヤーと面談してから作成した方がいいでしょう。特に新規のサービスや製品を購入する場合は、情報収集も兼ねてサプライヤーと会った後に入札要綱を作成し、自社の条件を再度見直しすることが大事です。状況によっては予算が足りなかったり、逆に余る場合もあります。なお、交渉の条件整理と交渉相手へのヒアリング事項に関しては、図22、23に示したようなシートで整理してください。巻末に本シートファイルや入札要綱のダウンロードＵＲＬも収録していますのでご利用ください。

《図 22》 交渉条件整理シート

交渉目的	交渉の雰囲気・トーン・ポジション・交渉相手とのパワーバランス
交渉の目的・交渉で達成したいことを記載。	どのようなスタンスやトーンで進めるか、交渉相手との関係性や交渉相手にとって重要な案件か、などを記載。
主条件	
既存の取引条件およびマーケットの条件	**オファー（理想）の条件**
既存の取引条件を記載。 既存の取引条件がない場合は、マーケットの条件のみ記載。	こちら側から提示する際に申し入れる条件を記載。 申し入れない場合は不要。
ターゲットの条件	**ボトムラインの条件**
目標としている取引条件を記載。	これ以上譲れない取引条件を記載。
オプション	
追加条件	**譲歩条件**
主条件を譲歩したときや追加で要求が必要な場合に提示する条件を記載。	主条件を譲歩できないときに譲歩する条件を記載。

《図 23》 交渉ヒアリングシート

確認すべき事項	提供すべき情報
サービス・商品のクオリティー、対応スピード、対応可能なエリアや範囲などを記載。 交渉相手の求める取引条件とその理由などを記載。	取引の見直しやコスト削減するための理由や必要性などを記載。 交渉相手へのメリットなどを記載。
交渉相手への質問内容	**交渉相手からの質問に対する返答内容**
具体的な質問内容を記載。	具体的な返答内容を記載。

◉交渉シミュレーション

情報収集をし、条件整理を行ったら、次は交渉シミュレーションの実施です。初めて会うサプライヤーと交渉を行う場合は事前にどういう質問がありそうか、それに対してどう答えるか、何を確認する必要があるか、などの基本的な確認でいいでしょう。むしろ信頼関係を築くことに力を注いでください。

交渉シミュレーションが特に必要なのは、過去に取引や交渉したことのあるサプライヤーに対してです。現状の価格に対してコスト削減の交渉をする場合や、複数のサプライヤーに対して入札を行い、相見積もりも取って発注先を決め、それから価格交渉を行う場合です。既存サプライヤーと交渉を行うときは、想定されるサプライヤーからの反論や質問、交渉全体での駆け引きなどを事前に洗い出し、対策を講じておく必要があります。また、コスト削減することによるサプライヤーのメリットは何なのか、サプライヤーに譲歩できる部分を確認しておくことも重要です。事前に交渉シミュレーションを行うことで、交渉の成功率が約3割アップし、コスト削減率も4割アップします。各費目で見れば次ページの図24のような結果となり、シミュレーションの有無により削減率に大きな差が出ています。まずはシミュレーションを行ってみましょう。

《図 24》 交渉シミュレーションの効果

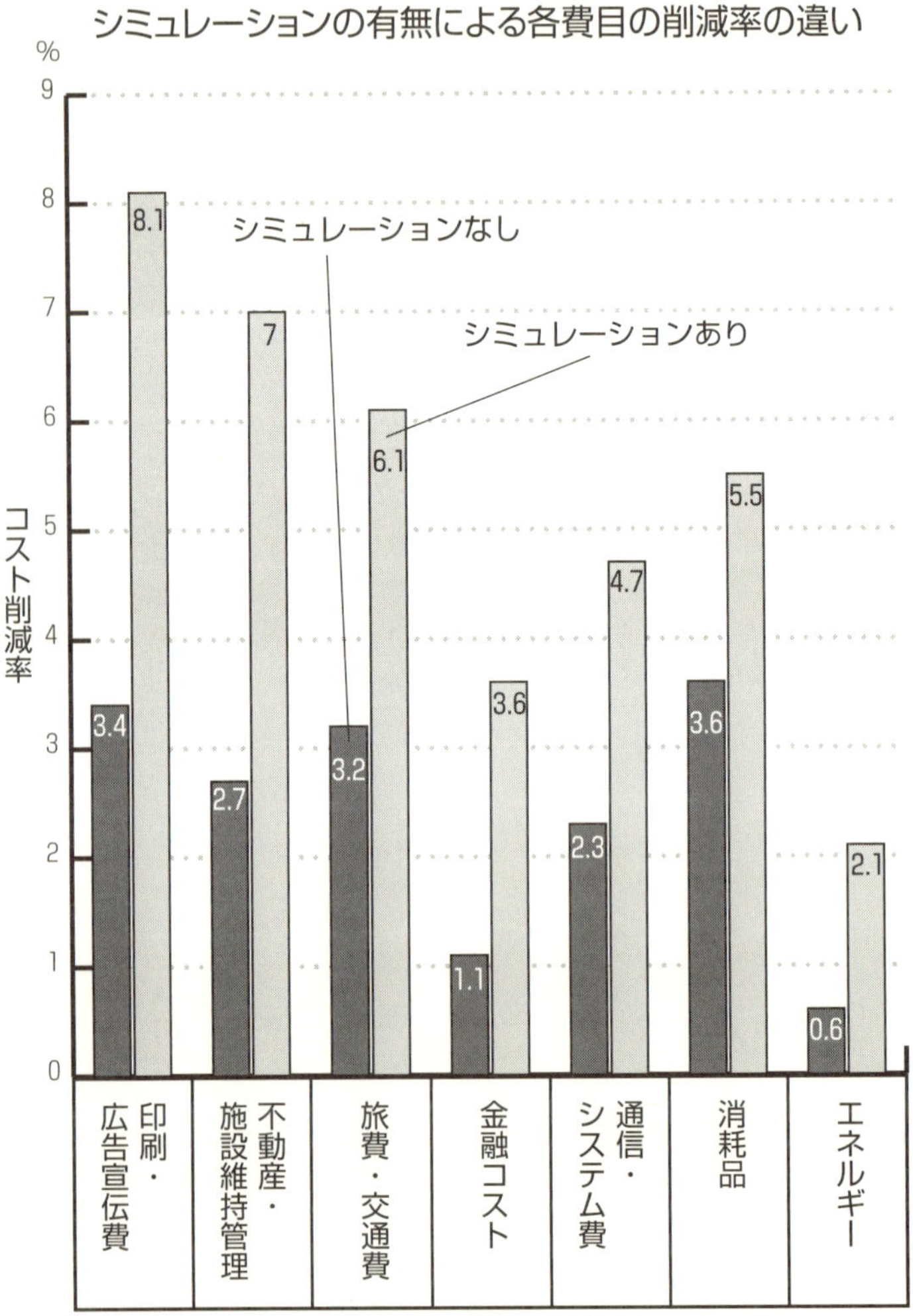

シミュレーションの有無による各費目の削減率の違い
%
9
8
7
6
5
4
3
2
1
0
コスト削減率
シミュレーションなし
シミュレーションあり
3.4
8.1
2.7
7
3.2
6.1
1.1
3.6
2.3
4.7
3.6
5.5
0.6
2.1
印刷・広告宣伝費
不動産・施設維持管理
旅費・交通費
金融コスト
通信・システム費
消耗品
エネルギー

出所：プロレド・パートナーズのクライアントへのヒアリング結果を基に作成

２ ミーティング（交渉）

◉ミーティングの流れとリスク

交渉準備を終えたら、いよいよサプライヤーと実際の交渉を行うミーティング（交渉）のパートです。

次ページ図25に示すようにミーティングは４つの工程で構成され、顔を合わせた打ち合わせやメールでのやり取りが中心になります。４工程の構成は「ヒアリング・入札」「提案・見積もり」「譲歩・条件交換」「口頭合意」となっており、最初は交渉相手に対してヒアリングと情報収集をすること、入札のための準備や入札要綱を交渉相手に提示するという発注者側の業務となります。

２つ目の交渉相手からの提案や見積もりを受ける工程では、交渉相手から説明を受け、それに対しての質問や提案の中身を確認することが主な業務となります。

３つ目の譲歩・条件交換の工程は、一般の人がいわゆる「交渉」と考えるような工程で、交渉テクニックを駆使し相手と条件交換することや、ヒアリングを行って相手から譲歩を引き出すこ

《図25》 ミーティング（交渉）の流れ

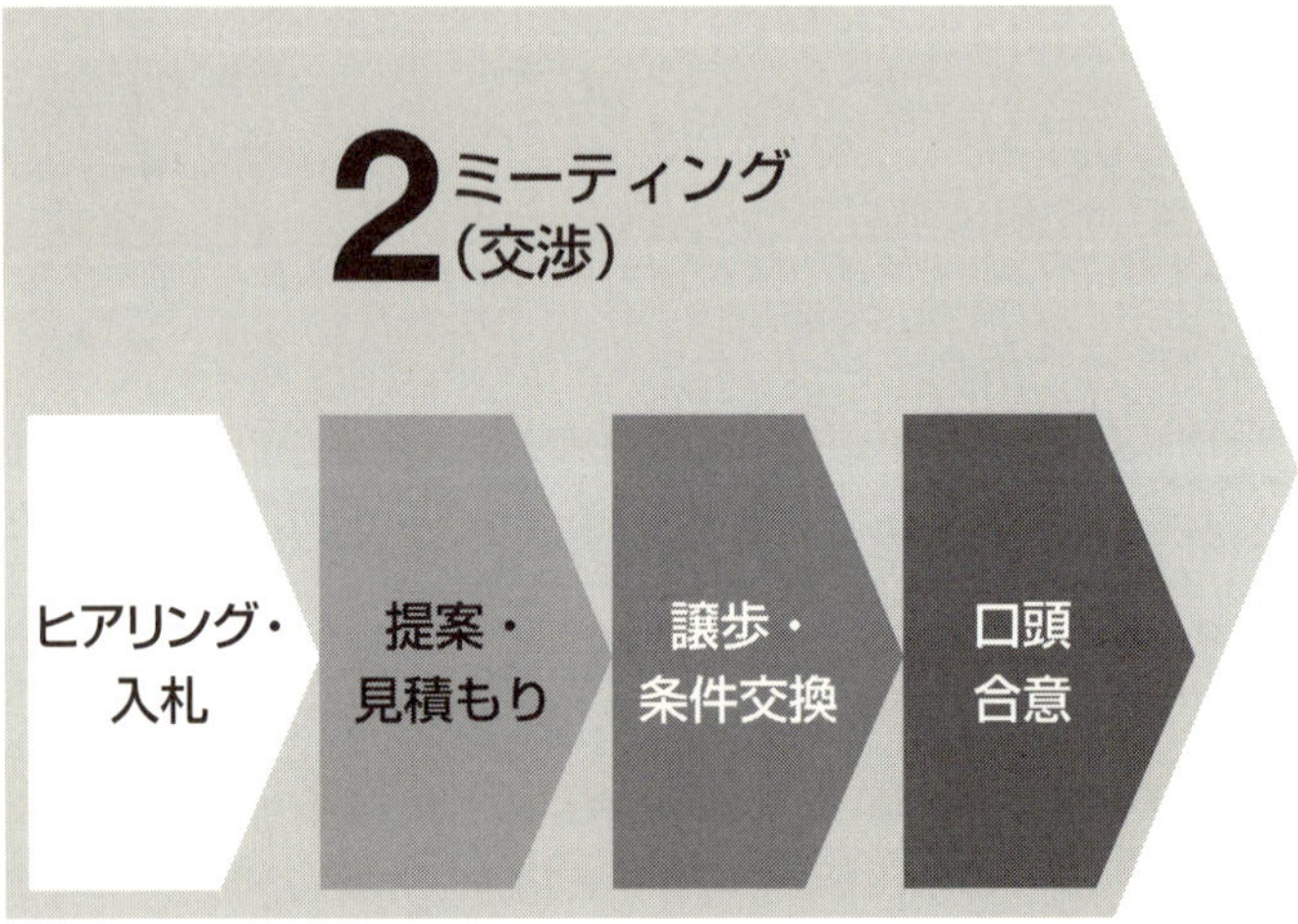

とを意識して進めるという業務です。

そして、最後の口頭合意ですが、これは文字通り口頭で交渉相手と合意する工程となります。

ミーティングの特徴としては、一度話した内容が取り返しのつかない結果を生むこともあるため、常に気を抜かず注意を払って取り組まなければいけません。ミーティング中に立場が逆転することも十分にありますし、一瞬の判断ミスが後に大きく響くこともあります。交渉準備の段階ではサプライヤーとの交渉は有利に進むと見込んでいたはずなのに、たまたま同席している上司が余計なことを言ったために形勢が逆転した、ということも大いにあり得ます。

まずは交渉において必ずすべきことを説明しましょう。

◉終始一貫性のある態度を取る

交渉の場では終始一貫性のある態度を取ることが大切です。条件や入札内容をコロコロ変えてしまってはサプライヤーからの信頼はなくなります。例えば、クオリティーにはこだわるが価格は関係ないと散々伝えていたにもかかわらず、相見積もり後にクオリティーは低いが一番安い価格の企業を選んだり、「既存のサプライヤーを必ず変更する」と他のサプライヤーに言いながら、いつまでも既存のサプライヤーが出入りしていることなどが例として挙げられます。

また、基本的には絶対に譲れない条件と伝えたり、対応できないと宣言したことに関しては、後から妥協したり変更するようなことはしない方がいいでしょう。サプライヤーの不信感を招き入札や相見積もりの参加において消極的な対応になる可能性があります。また、安易なボトムラインの宣言も同様です。「この価格がボトムラインです」と伝えておいて、その後の交渉の中でそれが撤回された場合、サプライヤーは今後ボトムラインという言葉を信じなくなります。

◉事前準備で得られなかった情報収集を行う

サプライヤーへの事前準備で集められなかった情報をヒアリングします。業界全体はどのような規模で、そのサプライヤーのシェアはどのくらいで、顧客や競合先はどのような企業かなど、ネットでは拾えなかった情報を聞き出します。それとなく経営状況も聞き出したいところです。業界の景気はどうなのか、会社の業績は順調か、黒字かなどです。さらに、知り合いの企業と取引しているか聞いてみるのもいいでしょう。もし取引があれば、その企業にサプライヤーのサービスや対応等についてヒアリングできるからです。

サービスに関する情報としては、実績・経験、どのような企業がサービスを受けているか、その反応はどうか、リピーターはどの程度いるか、過去に問題が起きた例や自社の状況に照らし合わせるとどのような製品が見合っているか、既存のサービス契約がある場合は、既存と新規サービスでは何が違いどの点が優れているのか、単品の購入でなく全体を俯瞰《ふかん》した提案はできるか、などをヒアリングし、そのサプライヤーの力量や全体像を捉えるのです。

◉譲歩、合意するタイミングを見極める

最終的にはどこかで折り合いをつけ購入に至るわけですが、譲歩するタイミング、合意するタイミングを計るのは実は意外と難しいのです。あまりにヒアリングが執拗《しつよう》だったり、注文が多すぎたりするとサプライヤーは「この顧客は面倒な相手」だと感じますので、打ち合わせ回数を限定し、交渉を長引かせることなくスピード感を持って合意する必要があります。

《図26》 交渉に存在する7+1つの条件

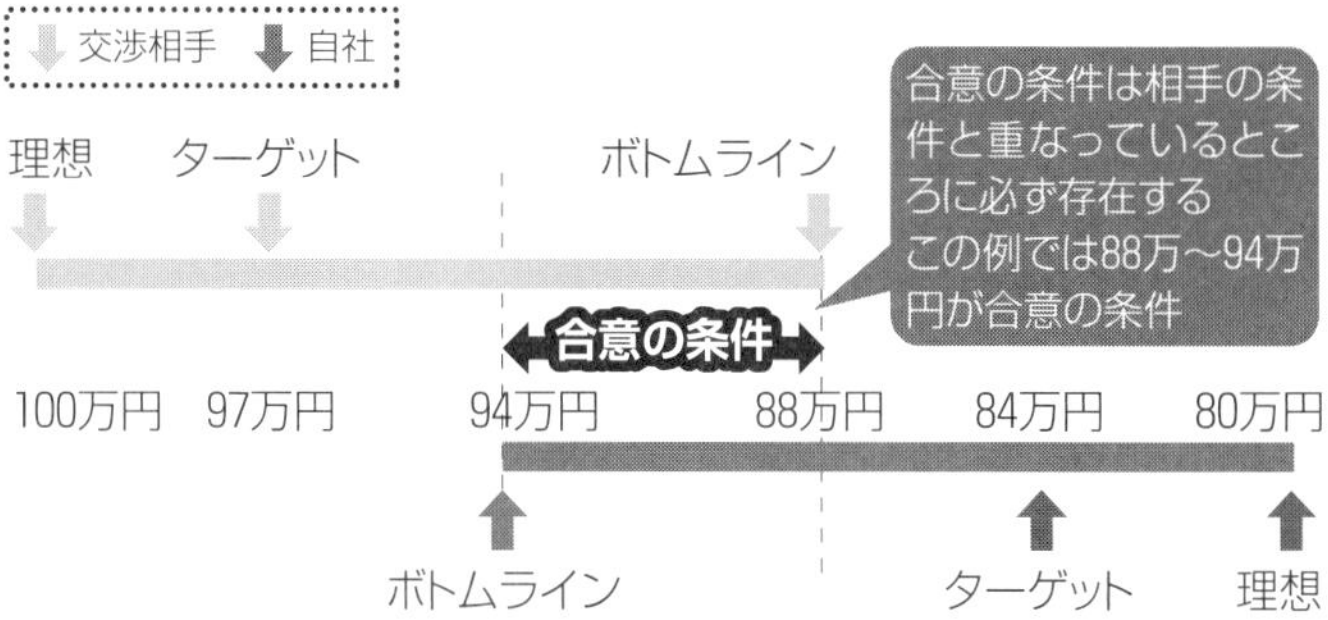
交渉相手
自社
理想
ターゲット
ボトムライン
合意の条件は相手の条件と重なっているところに必ず存在する
この例では88万～94万円が合意の条件
合意の条件
100万円
97万円
94万円
88万円
84万円
80万円
ボトムライン
ターゲット
理想

- 理想やターゲットが、相手のボトムラインを超えている場合もあります。その場合は、理想やターゲットで契約できる可能性があります。
- 既存契約がある場合は「既存の条件」という8つ目の条件が存在します。8つ目の条件は合意の条件に大きな影響を及ぼしますので、しっかり把握してください。

譲歩するタイミングや合意するタイミングを見極めるために、まず整理しないといけないことがお互いの条件です。

図26で示したように基本的に交渉では7つの条件が存在します。自社の条件としては、「理想」「ターゲット」「ボトムライン」の3つがあり、反対に交渉相手にも同じように「理想」「ターゲット」「ボトムライン」の3つが存在します。その互いの「理想～ボトムライン」の重なっている部分が「合意」の条件となります。

また図27（105ページ）で示すように条件の要素は価格以外にも存在し、全ての要素でそれぞれ7つの条件が当てはまります。これを意識することで合意の条件が整理され、譲歩するタイミングや合意するタイミングが見極めやすくなるでしょう。

相手が提示した価格や他の要素がターゲットに当てはまっていれば、契約内容や確認事項に漏れがないかを検証した上で合意をすればいいのですが、大きくずれている場合は、相手がこれならば譲歩できるだろう線を見極め、こちらからある程度の提案をしてあげると相手は検討しやすくなります。

また、交渉相手の提示してきた価格や他の要素が、自社のターゲット〜ボトムラインの間にあれば、すでに合意圏内であるため手探りの状況を終え、クロージングまで間近であることを意識して慎重に進める必要が出てきます。

そして、ボトムラインにも届かない場合は、どうすればボトムラインを目指して合意できるか、もしくは大幅な合意条件の見直しなども検証しなければなりません。それらを見極めるためにも7つの条件を意識し、交渉を進めてください。早く結論を出さなくてはと焦って要素を整理しないまま合意のタイミングを間違えると大変な事態に陥る恐れがあります。

《図 27》 各要素の条件の変化

- 各要素によって、交渉相手と重なっている部分が変わることを意識する。
- 各要素は、時間（決算前）や状況（販促、担当者の気分等）とともに条件が変化することを意識する。
- 各要素は、ある要素で最大限譲歩した場合、他の要素の譲歩範囲が変化する可能性がある。
- なお、譲歩範囲には極端なものはなく、基本的にはマーケットの上に成り立っている。

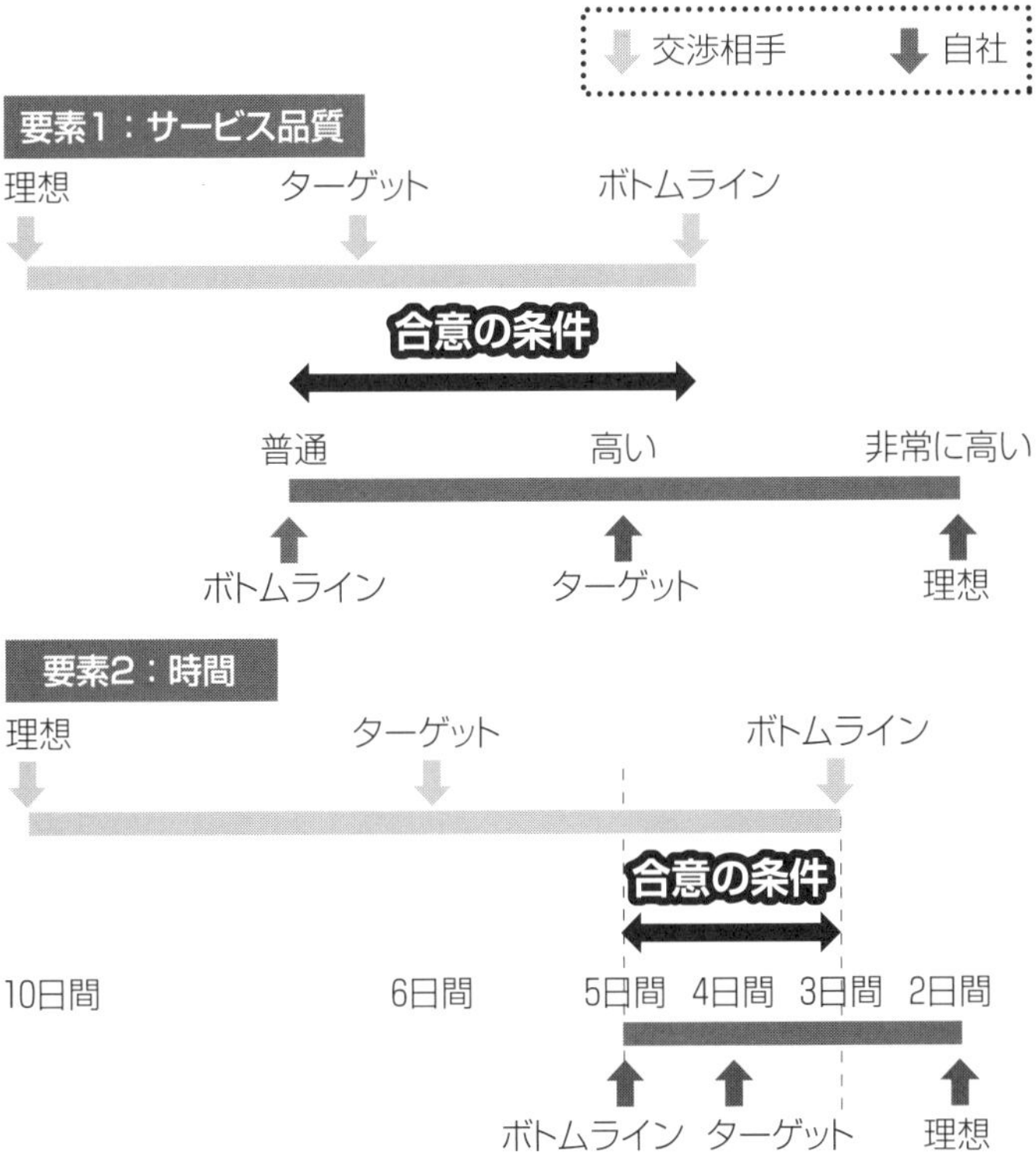
交渉相手
自社
要素1：サービス品質
理想
ターゲット
ボトムライン
合意の条件
普通
高い
非常に高い
ボトムライン
ターゲット
理想
要素2：時間
理想
ターゲット
ボトムライン
合意の条件
10日間
6日間
5日間
4日間
3日間
2日間
ボトムライン
ターゲット
理想

3 クロージング（合意）

◉これまでの苦労を無駄にしない

クロージングは交渉がほぼ完了し、口頭合意して契約に至る最後の工程です。しかし、合意後の対応のまずさにより、結局契約に結び付かなかったというケースが1割以上あることを心にとめておいてください（M&Aや不動産関連の場合で言えば、3割以上に上ります）。

せっかくここまで交渉に力を注いできたにもかかわらず契約できなかったというのは、非常にもったいない話です。ここではクロージングのテクニックと忘れずにやるべき事項を紹介し、人為的なミスによる契約破談をできる限りなくす手段を伝えたいと思います。

クロージング後の対応で重要な要素は「スピード」と「確認」の2つです。一見、相反する行為ですが、合意してから時間が経てば経つほど交渉の熱は冷め、結局ペンディングになってしまったり、合意後にもかかわらず、検討していた他社が自社より良い条件を提示したため、先に契約してしまったりという事例は意外と多く、スピーディーにクロージングを進めることを常に意

《図 28》 クロージング（合意）の流れ

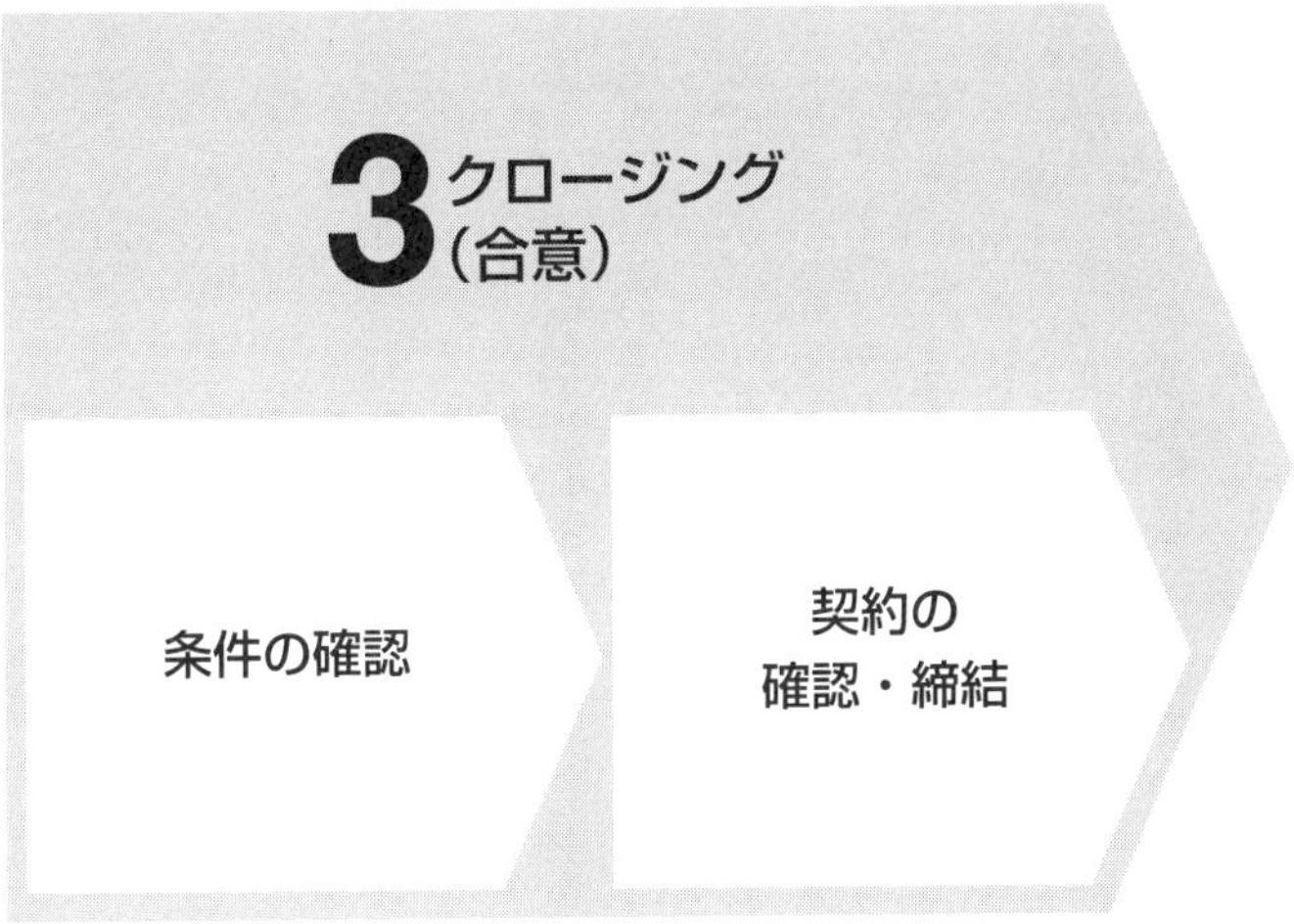

識する必要があります。一方、条件や契約内容をしっかりと確認しておかないと、後々揉めたり正当なサービスが受けられなかったりすることがあります。契約したことを後悔しないようにしっかり確認した上で契約を締結したいものです。

◉合意の条件を再度確認する

　クロージングのステップは図28で示すように「条件の確認」「契約の確認・締結」の２つです。合意して、「後は契約だけ」と胸を撫で下ろす前に、まずは本当に合意できたのか、抜け漏れはないかを再確認する必要があります。

　すでに社内稟議を上げて決裁が取れた後で、合意していない箇所が見つかったり、お互いの考えている条件が異なっていることが発覚し、結局は契約にこぎ着けることができなかったということもあり得ない話ではないのです。そうなると、担当者同士はいくら事情が分かり合えていても、お互いの会社内で不信感が勃発します。「何だ、いい加減な会社だな」「あそことはもう取引をしない方がいいな」など、いろいろな不協和音が聞こえてきてしまいきます。

　契約のやり取りをする前に、合意の条件を再度確認してください。

「それでは最後に本日合意した内容を改めて確認させていただきます。価格は100万円の消費税別、契約期間は1年、サービスの内容は○○。担当者は○○の資格を持っている人がつく。中途解約はできない。あと、オプションで△△のサービスも追加する。本日までに決まったことは以上でよろしいでしょうか？」というような具合です。

　サプライヤーがそれに疑義があれば、「この部分は■■ではなかったですか？」と指摘があるでしょうし、もし抜けている部分があれば、「オプションは□□のサービスに限定しています」などと言ってもらえます。

　また合意時に決定事項などを確認する場面では、お互い精神的に余裕があるため、些細な決め事などであれば即断即決で譲歩してくれる可能性も高く、抜け漏れがあったとしても良い条件で

《図 29》 契約書作成前に確認するポイント

※下記に記載する以外にもポイントは多くあります。
　不明な部分はできる限り確認してください。

具体的な確認ポイント
商品・サービスのクオリティー（特にサービス）
サービスの範囲
緊急時の対応方法（内容・スケジュール・支払い）
追加サービスの金額と内容
保証期間・中途解約期間

決まる場合が少なくありません。

なお、そこで合意した内容に関しては、メールで事後的に確認しておくことが大事です。電話で口頭合意した場合は、必ずメールで合意した内容を確認するようにしておいてください。

また、合意後に契約書や申込書に記載されていない事項を確認することは、非常に重要です。製品とサービスとでは確認する内容が変わりますが、特にサービスの場合、サプライヤーのクオリティーが低いと感じたら実際にどのような対応をしてもらえるのかを具体的に聞いておいた方がいいでしょう。

製品やシステムであれば、不具合があるときは何日以内に対応してもらえるのかなどを、必ず確認するべきです。ネット環境やオフィス環境に関しては、1日使えないと業務が全てマヒしてしまう場合もあるので、早急な対応が必要だからです。問題発生から何時間以内に人を派遣できるかなども確認しておいた方が安心です。一般的には前ページ図29で示された内容は発注書や契約書に記載されていない場合が多いので、一通りサプライヤーにメールや書面で確認するようにしてください。

◉どの段階まで合意しているかを確認する

合意の条件の再確認と同時に、もう一つ確認してほしいことがあります。それは交渉相手の合意レベルです。交渉相手と合意した内容がどのレベルで合意できているかということは非常に重要です。「合意ができている」と自信を持って言えるのは先方で決裁が取れている場合ですが、それ以外では取締役会での説明および承認、社長や役員の内諾、確認、上司の確認、そして、担当者自身までOKと幅広い段階が存在します。必ず、社内で稟議し決裁を取る前に交渉相手に対してどのレベルで合意が取れているかということと、いつまでに社内決裁が取れるかということを確認しておく必要があります（図30）。

《図 30》 口頭合意が、交渉相手企業のどの段階まで合意しているか確認する

交渉相手と口頭合意して、契約締結を進めようとしていると、交渉相手から「役員に確認したらこの条件では契約できないと言われた」というように、口頭合意が反故される事例が多くあります。事前に交渉相手はどの段階まで合意しているのか、確認するようにしましょう。

ようやく合意しましたが、契約書はいつ送ってくれますか。

いえ、担当者ベースでの合意なので、これから役員に確認します。その後稟議にかけるので、３週間かかります。

まだ、役員にも話していないのか。本当にこの条件で契約できるかな。

交渉担当者
サプライヤー

◉契約書のチェックポイント

契約書は難解な言葉で細かく書かれており、正直じっくり読みたいとは思えません。チェックしなければならない部分は意外と多くないので、そこだけでも確認しておきましょう。

基本的には「お金」に関わる部分と「契約期間」（「中途解約の有無」など）を注意して確認します。

一つ目の「お金」に関わる部分。まずは金額です。その価格は税込なのか税別なのか、毎月なのか1回だけなのか、年間なのか、という基本事項は必ず確認してください。さらに、賃貸借であれば、共益費込みなのか、システムなどであれば、運用費も込みの金額なのかなど。他

にも交通費、調査費等の実費請求や派遣料なども確認しておくべきでしょう。更新料がかかるのかどうかも確認しておいた方が賢明です。支払期限はいつか、分割なのか、一括なのか。延びること、縮まることはあるか。それが発生するときの条件は何か。全額支払わないおよび部分的に支払わないのは、どういう状況のときか。このような事項も挙げられます。

2つ目の「契約期間」ですが、この部分はいつからいつまでの契約か、自動更新かどうか、更新する場合はどのような条件か、更新できない場合もあるのか、中途解約はできるか、その場合の取り決めは何かなどが考えられます。中途解約した場合、支払い義務やペナルティーはあるのかどうかも重要です。製品を使ったシステムでリースではなくても製品が償却期間前であれば、未償却分の支払いなどが課せられる場合もあるため注意してください。

また、変化の激しい業界では、新規参入企業が増えたり、代替製品が作られて既存サービス・製品の市場価格が下がる可能性があります。そのような業界では、新商品が出てきた場合、変更することを前提に契約することも視野に入れてください。

対象となる製品は買い上げか、リースなのか。文章やデザインであれば、成果物の権利（著作権）は誰にあるのか、期間や用途は限定されているか、そのソフト部分はもらえるのかなども確認したいところです。

その他の内容としては、損害賠償に関するものであったり、追加業務等の依頼が可能か、イレギュラー時の取り決めはどのようになっているか、裁判になった場合に利用する裁判所は発注者側の本社の近くか、などが挙げられます。

こちらから提示する場合はできるだけ自社にとってマイナスになる条項は記載しないことが肝心です。「指摘されてから記載する」でいいのです。あやふやに取れる記載はＮＧです。誰が読んでも同じ意味で捉えることができるよう丁寧に細かく記載しましょう。ただし「表現はシンプルに」を心がけてください。

◉交渉テクニック

これまで「セッティング」「ミーティング」「クロージング」と一連の交渉の流れと必要な対応方法を説明してきましたが、次の第４章ではサプライヤーとより「信頼関係の構築」を行い、「ベストな取引条件」を引き出すためのテクニックを紹介します。それぞれの段階でこれらのテクニックを使用することで飛躍的に交渉力が上がり、１段階上の交渉ができるようになるでしょう。

Break time

海外企業の交渉スタンス

本書の交渉テクニックは海外企業との交渉においても利用できるが、日本とは根底に根付いている考え方が大きく違うことを意識しなければならない。

例えば、圧倒的な低価格で黒船来航といわれた外資系量販店のバイヤーの心得は、次のようなものだ。

- いかなる売り込みにも一切熱意を示してはいけない。
- 提案への応答は、常に否定から始めなさい。
- 理不尽な要求をしなさい。
- 常に上司のせいにしなさい。
- 愚かに振る舞いなさい。
- いつでも交渉を中止できるよう備えなさい。

●話さないで、聞きなさい。

代表的なものを挙げてみたが、これらの心得の中には、本書で紹介しているテクニックに近いものもある。

しかし、本心得の目的は信頼関係を崩してでもベストな取引条件を引き出すという点にあるため、根本的な考え方が大きく異なっている。

もちろん全ての外資系企業がこのようなスタンスで交渉してくるわけではないが、時にはこれに近い態度を示してくることがあることを覚えておいてほしい。

また、アジアの企業と交渉する場合、商品よりもサービスの契約交渉において難航することが多い。

サービスに対してお金を支払うという意識が日本よりも低いからだが、我々も海外へ旅行した際、チップを払うことに躊躇することはないだろうか。

文化が異なれば、契約に関する常識や考え方が大きく変わってくることを頭に入れて臨まないと、交渉はうまく運ばない。また、外資系企業と交渉する場合は、商品・サプライヤーの情報だけでなく、その国の契約・文化・交渉事例も調査・ヒアリングしておく必要があるだろう。

第4章

実践的交渉テクニックとNGアクション

～3つの段階で使い分ける交渉テクニック

01

セッティング
交渉テクニック

長期間契約する必要なサービスかどうかの検討

これは交渉を始める前に行う条件整理の一つと捉えることができます。条件整理については第3章P92~96に詳しく書いてあります。ここでは、当該サービスを長期間継続する必要があるか、短期的な取引か、変更があることをあらかじめ考慮しておくようなサービスかなどを検討します。それによってサプライヤーとの関係性も変わってくるためです。

長期間継続が必要なサービスで確認すべき事項は「クオリティー」です。具体例としては、税理士・弁護士など士業との契約、警備やメンテナンス、金融、システムなどの契約が挙げられるでしょう。そのために、サービス内容に対して詳細なヒアリングや複数のサプライヤーの比較が非常に重要になってきます。交渉前に多くのヒアリング項目を作成する必要があることも覚えておいてください。

02

セッティング
交渉テクニック

交渉担当者は決定権を持ってはいけない

これは、交渉テクニックの中で最も重要なテクニックの一つです。基本的に決定権を持っている人は、相当の交渉の手だれでもない限り交渉の席に出席しないことが原則です。サプライヤー側が決裁者を連れてきたとしても、できる限り発注者側は決裁者を出さないようにしてください。どうしても決裁者の出席が求められる場合は、複数人で承認する必要があるという前提の下に、そのうちの1人が出席するようにしてください。なお、交渉相手に決裁者が誰かを分からないようにすれば同席してもかまいません。

その理由はいくつかありますが、交渉中に相手から求められた返答しづらい質問に関して、後ほど決裁者の指示を仰ぐという理由で即答することから免れられるということが第一に挙げられます。状況によっては、交渉時に即断即決を求められることもありますが、その場合も、今ここに決裁者がいないことで少しの猶予をもらうことができるはずです。また、決裁者自身のプライドが邪魔をしたり相手に煽られたりして、その場でついつい良い返答をする可能性もあります。

交渉の後で決裁者の話を担当者からサプライヤーに伝えることで、冷静な回答をすることができます。

また、厳しい条件をサプライヤーに提示する場合、言葉は悪いのですが、決裁者を悪役・敵役《かたき》にすることで担当者間の信頼関係を保ったまま交渉を進めることができます。担当者間の信頼関係は重要です。それを崩さないためにも厳しい条件や反論をする場合は、あくまで決裁者の言葉として伝える方が担当者も言いやすく、またサプライヤーも素直に聞くことができます（図31）。

以上のような理由から、決裁者は同席させない方が賢明です。

なお、同席するにしても、最後のクロージング段階や、ある程度交渉がまとまった段階でお礼を言う場合や、さらにお願いをすることがある場合などであれば問題ありません。万一、決裁者が実際の交渉の場面に同席する場合は、入念なシミュレーションをしてから臨んでください。

《図 31》交渉担当者に決定権がある場合とない場合

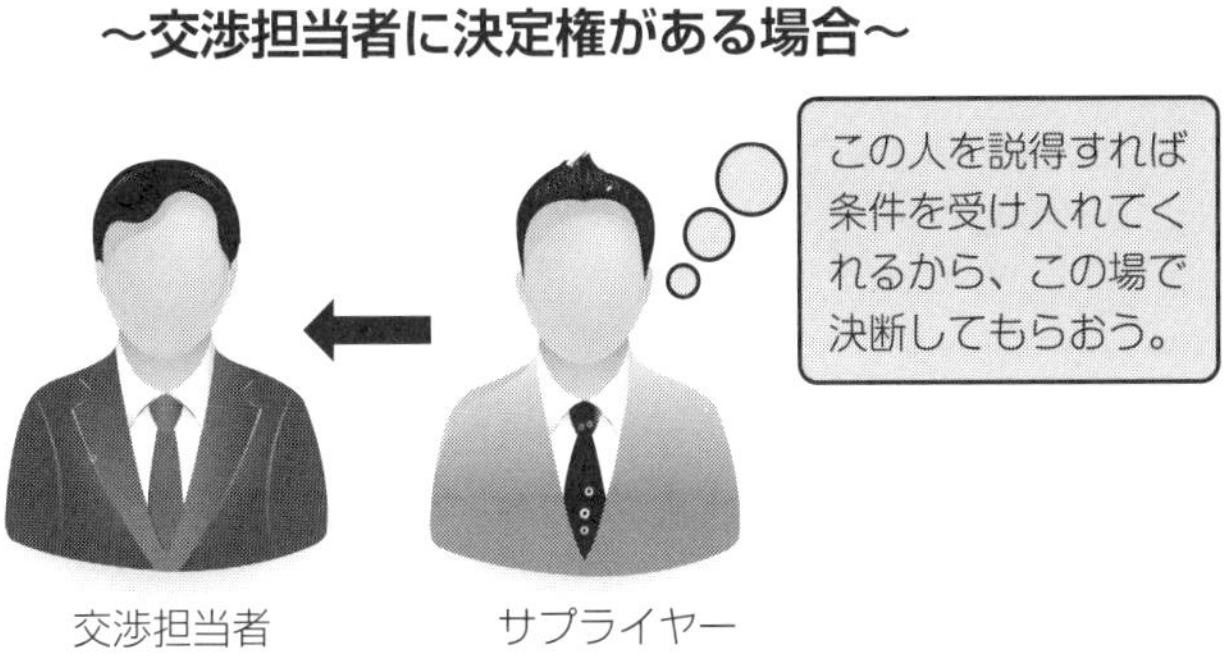
～交渉担当者に決定権がある場合～
この人を説得すれば条件を受け入れてくれるから、この場で決断してもらおう。
交渉担当者
サプライヤー

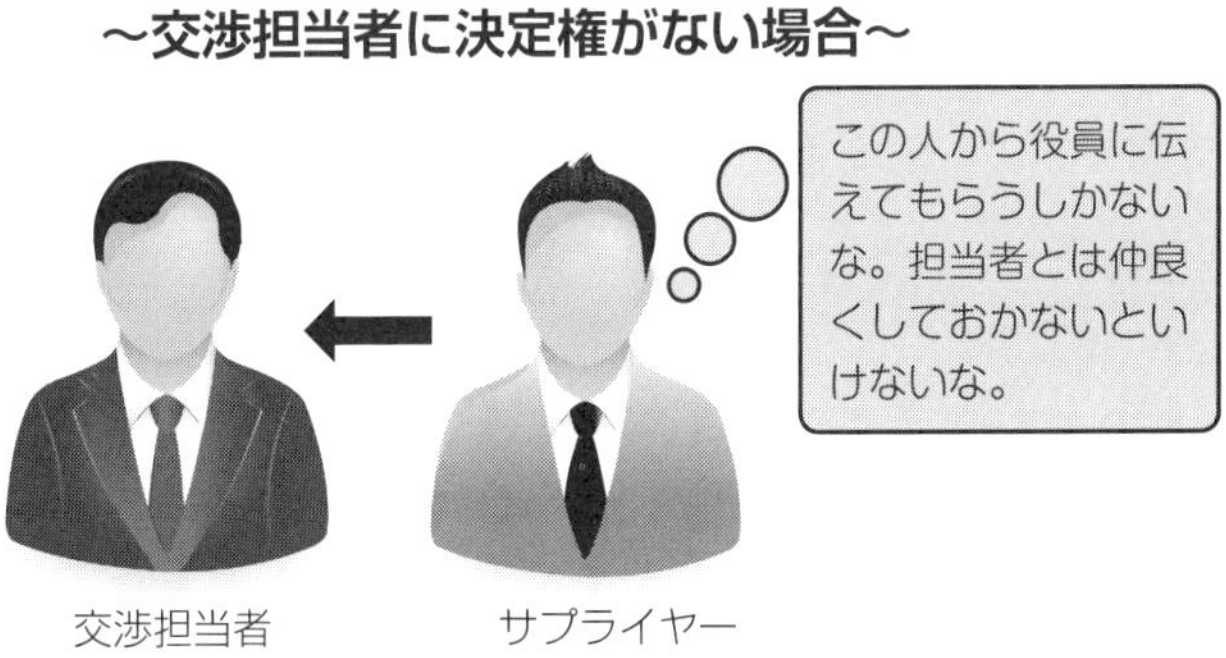
～交渉担当者に決定権がない場合～
この人から役員に伝えてもらうしかないな。担当者とは仲良くしておかないといけないな。
交渉担当者
サプライヤー

交渉担当者に決定権がないことで得られるメリット

（決裁者が直接交渉しないことで回避できること）

①サプライヤーからの厳しい質問に対して、感情的にならず、時間を持って冷静に考え、回答することができる。
②サプライヤーからの条件提示に対して、即断即決を求められない。
③サプライヤーに発注者側が考えていることを見抜かれにくい。
④発注者側からサプライヤーに、答えづらい内容や厳しい条件を伝えやすくなる。
⑤サプライヤーからさまざまな情報をもらいやすくなる。

03

セッティング
交渉テクニック

情報をコントロールする（情報の出し方を意識する）

こちらも非常に重要なテクニックの一つです。情報の出し方次第で交渉のパワーバランスが大きく変わるため、交渉に与える影響の有無を見極めた上で、情報を出すか否かを判断する必要があります（図32）。

具体例を挙げます。

例えば「今回の入札にはサプライヤー10社に声をかけています」などといった情報を漏らしたらどうでしょうか。多くのサプライヤーはやる気をなくすでしょう。一方、「今回の入札でのサプライヤーの参加は御社ともう1社のみです」という情報を与えたらどうでしょうか。サプライヤーが落札できる確率は50％であるため、やる気は高まり、競合に負けないサービスや値引きを考えてくるかもしれません。

前者であれば参加社数は出さない方がよく、後者はあえて出した方がよいという事例ですが、もし前者の場合に参加社数を聞かれたら「複数社参加します」程度にとどめておくのがよいでし

《図 32》交渉相手に響く情報

①交渉相手にとって、有益な情報
②交渉相手にとって、脅威となる情報
③交渉相手にとって、求めている内容に対して、納得のいく情報

①有益な場合
今回入札に参加されるサプライヤーは2社です（有益）。
2社ならば、50％の確率で取れる！　頑張ろう！
交渉担当者
サプライヤー

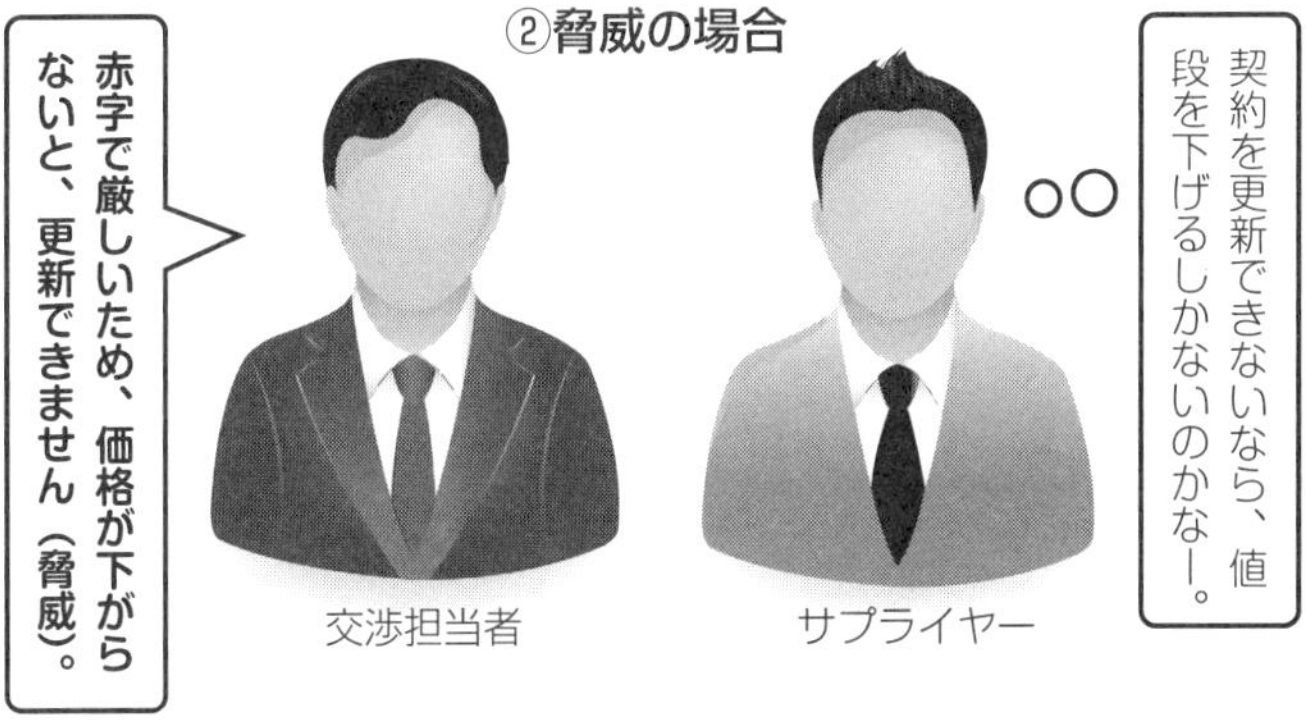
②脅威の場合
赤字で厳しいため、価格が下がらないと、更新できません（脅威）。
契約を更新できないなら、値段を下げるしかないのかなー。
交渉担当者
サプライヤー

ょう。
もしくは「○○社さんと△△社さんが参加しますよ」と、あえて質問したサプライヤーのライバル社の名前を出すのも手です。また「他社さんはどのくらいの金額を提示していますか？」という質問もよく受けると思いますが、こちらも同様に情報を出すか否かは慎重に判断する必要があります。

このように情報を出す際には、絶えず交渉に影響を与えるかどうかを意識することが大切です。また、2人以上で交渉に臨む際は、どこまで情報を出してよいかを事前に打ち合わせをしておいてください。それにより出してはいけない情報が共有され、「あ、そこまで言ってはマズイ！」などと慌てる事態が起こりにくくなります。

なお、情報を出さないことは問題ありませんが嘘は絶対にNGです。情報を出すかどうか迷ったときは「後で調べて連絡します」と、即答を避けるようにしてください。

04

セッティング
交渉テクニック

不利益にならない「譲歩リスト」を作る

これは条件整理の一つでもありますが、サプライヤーへの譲歩条件も、可能であれば整理しリストにしてまとめておく方がよいでしょう。

価格以外のどのような内容が譲歩しやすいか。例えば支払い方法。それは前払いか分割払いか一括払いか。時間的な制約か、それは週2回でいいのか。スペックはどうかなどです。また、「自社のホームページなどでサプライヤーを紹介します」なども意外と喜ばれるため、「譲歩リスト」に入れていいかもしれません。もちろん、「譲歩リスト」は次のパートであるミーティングで、交渉相手からの情報を得た上で追記修正することもあります（図33）。

《図 33》不利益にならない譲歩

交渉相手にとって有益な譲歩である（もしくは有益と思われる）が、自社にとって不利益にならない譲歩

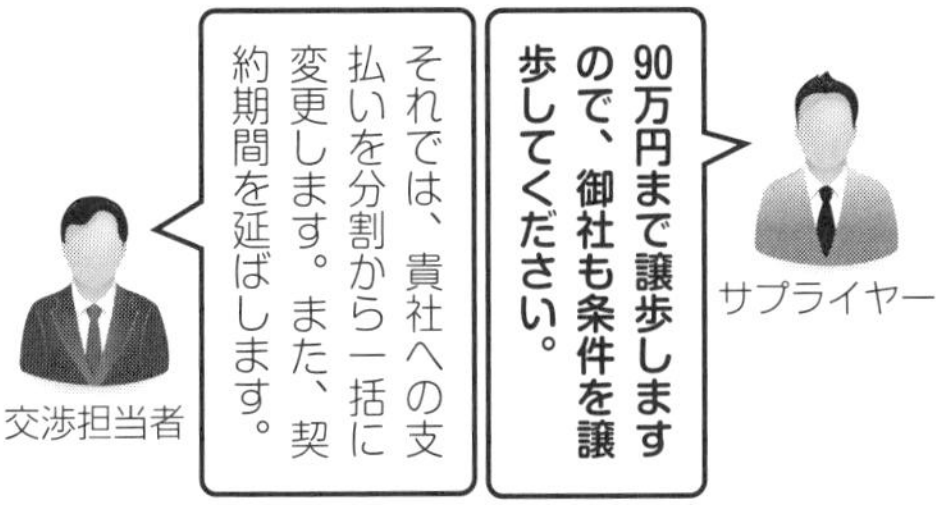
サプライヤー
90万円まで譲歩しますので、御社も条件を譲歩してください。
交渉担当者
それでは、貴社への支払いを分割から一括に変更します。また、契約期間を延ばします。

05

セッティング
交渉テクニック

価格で折り合わないときの要求リストを作る

《図 34》追加で要求すべき条件

交渉相手が、譲歩を迫った際に、そのまま承諾するのではなく、代わりに要求すべき条件
※要求すべき条件はできる限り金額換算しておくこと。

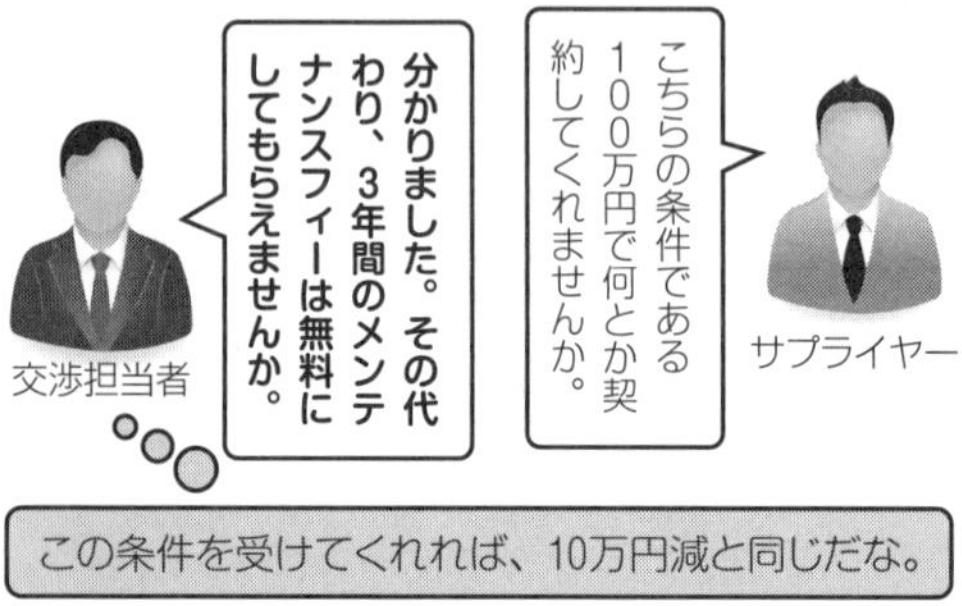
サプライヤー
こちらの条件である100万円で何とか契約してくれませんか。
交渉担当者
分かりました。その代わり、3年間のメンテナンスフィーは無料にしてもらえませんか。
この条件を受けてくれれば、10万円減と同じだな。

価格が折り合わないときに交渉相手に追加で要求すべき一覧（要求リスト）を作成しておくのも、交渉がスムーズにいくテクニックの一つです。譲歩リストとは逆で、こちらが現状の条件を受け入れる代わりに、要求する追加条件に当たります。どうしてもサプライヤーが譲れない部分に対してこちらから新たな提案ができ、交渉を前に進ませることが可能になります。

このリストも交渉中に追記修正していってください。リストの例としては、追加で別の製品を付加してもらう、期間を少し延ばしてもらう、メンテナンスフィーを無料にしてもらうなどです（図34）。

06

セッティング
交渉テクニック

分かりやすい入札や提案を行う

基本的に入札や相見積もりなどの条件提示は、可能な限りシンプルにしてください。あまり複雑だとサプライヤーが意味を取り違えたり、入札への参加を躊躇《ちゅうちょ》することもあります。

入札や提案時にサプライヤーから質問が出た場合は、参加している全てのサプライヤーとその質問を共有することで、より的を射た提案を引き出すことができます。

詳細は入札後に確認していく方がよいでしょう。

01

セッティング
NGアクション

事前準備をしないで交渉する

交渉準備は非常に重要といいましたが、逆に準備をしないで交渉した場合のリスクにはどのようなものがあるでしょうか。まず、新規サービスの交渉の場合、サプライヤーが限定されることで、本当にいいサービスを受けられているのかという疑問が生じます。また、業界を知らないで交渉するため、商品自体もサプライヤーの提供する中からしか選べないというリスクもあります。

さらに、既存サービスの交渉をする場合は、過去の交渉状況を知らないばかりにサプライヤーとの関係を悪化させることがあります。他には契約解除リスクがあったことを認識せずに交渉してしまったことで、契約を打ち切られたという事例もあります。また、マーケットプライス（市場価格）を調べなかったため、逆に増額を請求される場合も多く見られます。

このように交渉準備をしないでうまくいくことは一切ありません。交渉準備をすればするほど交渉で起こり得るリスクが減り、より良い結果を引き出すことにつながります。そのためには業界本を読んだり、専門家へのヒアリングを積極的に行ってください。

02

セッティング
NGアクション

やみくもに交渉を連発する

コスト削減を実行するために全ての費目の交渉準備をし、そのために業界本を全て購入し、ヒアリングも完璧に行い、過去の契約書も全て見直し……ということをやっていると相当の時間と労力がかかります。大企業で、全ての費目を見直すことにより膨大なコスト削減の効果が表れ、営業利益に大きく寄与するのであれば別ですが……。

「継続性」と「効率性」と「効果」の観点から、やみくもに交渉するのではなく、効果が高くかつ成功率の高いものから実行し、難しいものに関しては専門家に任せるなど効率的な進め方を検討してください。

また、効果が薄い費目で交渉してもサプライヤーに迷惑がかかり、信頼関係が悪化してしまう可能性もあります。計画性を持って交渉に臨むことを忘れないでください。

01

ミーティング
交渉テクニック

交渉相手と対立せず、同じ方向を向く。サプライヤー側の立ち位置で交渉する

交渉する際の気持ちの在り方として「サプライヤー側のスタンスで話す」ことを常に意識することが大切です。最初から対決モードで臨んでしまうと、「信頼関係の構築」と「ベストな取引条件」を引き出すことが非常に難しくなります。サプライヤーとの交渉においてはサプライヤーと協調し、自社の役員を一緒に説得しましょうというぐらいのスタンスで臨みたいものです。

「今回提示させていただいた条件でなければ、契約は難しいです」とサプライヤーから言われたとします。その場合、「分かりました。ご指定の条件で上司を説得しますので協力をお願いします。この条件でないと難しい理由とは何ですか。理由を上司に説明してみます」というように、サプライヤー側に立った返答をし、相手の条件提示のより深い理由や内容を共有します。

こちらがサービス内容に詳しくない業界との取引ならば、サプライヤーの担当者に「相談する」というくらいの立ち位置で接する方がうまくいきます。「今回この商品は初めての取引なので、いろいろと教えてもらえると助かります」と謙虚な姿勢で交渉してみてください（図35）。

《図 35》交渉相手との交渉スタンスのイメージ

～交渉を失敗させる交渉スタンス～

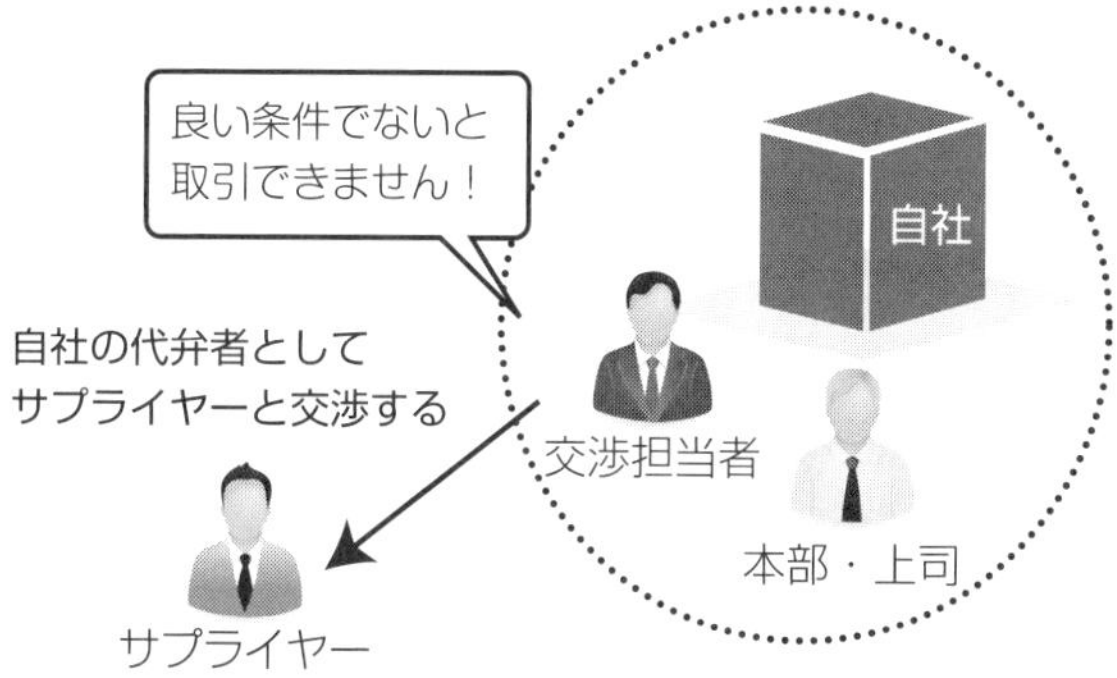
良い条件でないと
取引できません！
自社
自社の代弁者として
サプライヤーと交渉する
交渉担当者
本部・上司
サプライヤー

自社の代弁者（対立）という立場で交渉すると、サプライヤーと敵対した立場での交渉となり、信頼関係の構築や譲歩を引き出しにくくなります。

～交渉を成功に導く交渉スタンス～

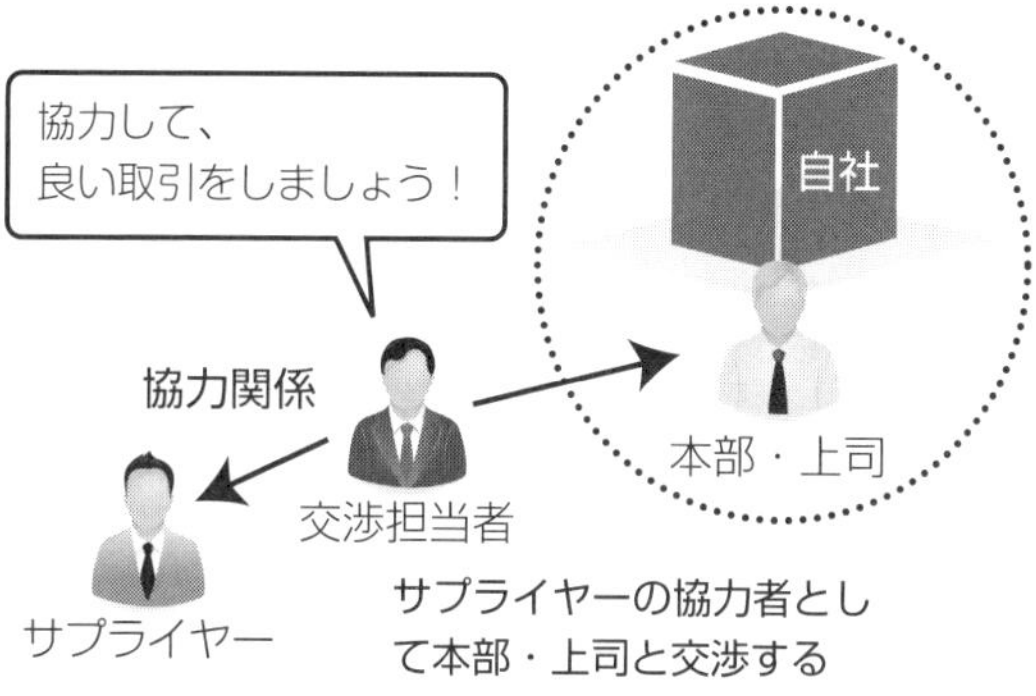
協力して、
良い取引をしましょう！
自社
協力関係
本部・上司
交渉担当者
サプライヤー
サプライヤーの協力者として本部・上司と交渉する

サプライヤーの協力者（協調）として、自社本部・上司から譲歩を引き出すため、サプライヤーに協力を得るという立ち位置で交渉します。そのため、サプライヤーから有益な情報を得ることができ、信頼関係を構築した上で、交渉できます。

02

ミーティング
交渉テクニック

自社の主張には客観的な情報を付ける一方、相手の主張の根拠を鵜呑みにしてはいけない

ある大学において、学生の飲酒事故が後を絶たない状況が続き、問題になっていました。それを調査していた大学教授は次の事実に気付きました。

大学生の大半が、自分の飲酒量は学生平均を下回っていると思い込んでいたため、他の学生に合わせようと飲酒量を増やしていたのですが、教授が飲酒の実態を調査したところ、パーティーなどで5杯以上お酒を飲んでいる学生は実際にはほとんどいなかったのです。その事実を学生に知らせたところ、その後の飲酒量は大きく抑えられました。学生には「お酒を勧められたら断る勇気を持ちなさい」とアドバイスするよりも「他のみんなと同じようにしなさい」と伝えた方が効果があることが分かりました。

コスト削減も同様に、サプライヤーに何かを求めるときはその根拠を伝えることが非常に重要です。「商品のマーケットプライスは1台15万円ですが、弊社ではずっと20万円で買っています。

マーケットプライスに合わせていただけませんか」「社内の赤字額が○○億円あり、販売管理費等に充てられた削減目標額が○○円の平均12％であるため、申し訳ありませんが本サービスに関しては現在の価格から12％の削減をしていただけないでしょうか」など、「このような背景があるので今回はこれだけのコスト削減を求めます」と伝えないと、「ただ発注者側の利益確保だけのためにこちらの利益を削らないといけないのか」とサプライヤー側は考えてしまいます。

それ相応のコスト削減の根拠を示さないと、サプライヤーとしても社内の決裁が下りないであろうし、交渉のテーブルに着く気にもならず、「下がらないです」と一言伝えられるだけで、その交渉は終了してしまうでしょう。

また、同時に相手の根拠に関してはしっかり確認しておく必要があります。サプライヤーから値上げ交渉された場合を見てみましょう。

「最近、素材の価格が高騰しており、過去と比較しておよそ15％値上がっている状態です。そのため、貴社への製品価格を15％とは言いませんが、８％値上げさせてください」

このように言われた場合、15％値上げされなくてよかったと思わないでください。次のような質問を投げかけ、詳細を確認する必要があります。

「15％の値上げというのは、いつから算定した数字ですか？」

「その製品に素材の占める割合は何％ですか」

15％の値上げというのが自社との取引前からの換算であれば、「製品購入するときにはすでに値上げが反映されている状態なので、15％という言い分はおかしいですよね」と伝えるべきです。

また、素材の占める割合が10％だった場合、10％×15％の値上げと考えれば実際の製品価格へのインパクトは1・5％ということになり、8％の値上げをすればサプライヤーの利益はかなり出る計算となります。このように相手の主張の根拠は必ず確認するようにしましょう。

すぐに値上げを受け入れるのではなく、数か月後や納品時までは現行価格で取引して、検討時間を作るという方法も考慮してみてください。その間にサプライヤーの変更や代替製品の検討ができます。

03

ミーティング
交渉テクニック

服装・身に着けているものを意識する

交渉の際、服装や身に着けている装飾品にはある程度、注意を払いましょう。コスト削減において、強い要求をしてくる担当者が高価な腕時計を身に付けていたり、派手なスーツやカジュアルな服装をしていたら、サプライヤーはどのように感じるでしょうか。

サプライヤーにコスト削減を求めるときは、相手に不快感を抱かせない服装で臨む気遣いが必要です。また、会社の業績が厳しくコストを下げてほしいと要求しているにもかかわらず、ブランド物の服装や装飾品で身を固めていては説得力がありません。

サプライヤーに対して敬意を払った言葉遣いを心がけ、丁寧に接することは何よりも尊重すべきことなのです。対するサプライヤーはそのあたりのことは十分に心得ていて、お客様に対し派手な服装や行動を慎むという気構えは十分にできています。

04

ミーティング
交渉テクニック

相手の話をよく聞く

当たり前のことですが、この当たり前のことが案外できていない人が多いのです。話をきちんと聞くことで、サプライヤーは本音で話してくれるようになります。

具体的なテクニックとして効果があるのが相槌です。関心を示したり、感嘆を表す相槌は相手に信頼感を与えることができます。

相手の質問に対し、答える前に一呼吸置くことも重要です。それにより思慮深く返答しているように見えます。また自分も一度回答を頭の中で反芻《はんすう》する余裕もできます。よく聞くことで相手からはより良い情報がもらえる場合もありますし、親密な関係性も育っていきます（図36）。

《図36》相手の話をよく聞くテクニック

交渉相手の話にはさまざまな情報やヒントがあります。真剣に聞くことで、より多くの情報を手に入れることができ、関係性も良くなります。打ち合わせのときは自社のトップの話よりもよく聞くようにしましょう。

実は、こういう状況がありまして……。
……はい。
なるほど、そういうことですか。
他の企業よりよく聞いてくれるな。
交渉担当者
サプライヤー

05

ミーティング
交渉テクニック

ざっくりとした数字は出さない

アメリカの社会心理学者が面白い研究をしました。
物乞いが通行人に次のようなお願いをします。

A：「いくらかの小銭をもらえませんか」
B：「25セント硬貨をもらえませんか」
C：「37セントをもらえませんか」

同数の通行人に声をかけたところ、Aは44%、Bは64%、Cは75%の人からお金をもらえたという結果が出ました。
ここから何が言えるのでしょうか。

《図37》 ざっくりとした条件を提示しない

誤	正
90万円	89.3万円
1割、10%	10.6%
2、3割	24.7%
2週間ぐらい	9営業日
2、3人必要	2人を8日間必要

提示する数字によって、相手に影響を与えるインパクトは大きく異なります。条件提示をする場合は、ざっくりとした数字や、切りの良い数字を出さず、端数も切らない方がいいのです。

サプライヤーが部材のコスト削減を求められた場合、「20%ダウンでお願いしますよ」と頼まれるのと、「18・9%ダウンでお願いしますよ」と頼まれるのとでは、どちらに真摯な姿勢を感じるでしょうか。

20%といったざっくりとした数字では、あまり根拠もなくただ下げたいだけだろうと考えるかもしれません。しかし、18・9%に関しては、何か意味のある数字と捉える可能性が高いのです。

もちろん、実際には20%も根拠のある数字なのでしょう。しかしサプライヤーはそう捉えないこともあり得るので、数字の提示にも工夫が必要なのです（図37）。

06

ミーティング
交渉テクニック

相手から出てくる言葉に注目する

話している途中で、断言を「弱める言葉」が出てきたら要注目です。

例えば、サプライヤーに「価格を下げることは難しいとのことですが、この価格から値引きした企業は1社もないということでしょうか」と尋ねて、「一応、その価格で購入してもらっています」などの返答があったときは、譲歩の可能性があると受け取ってください。

「一応」「部分的に」「基本的に」などの言葉は断言を弱める言葉です。そのような言葉が出てきた場合には、その部分を踏まえた上で粘り強く交渉していくか、もしくはその場で「一応というのは、例外もあるという認識でよろしいのでしょうか」と確認しておくことが大事です（図38）。

《図38》譲歩の可能性がある言葉

交渉相手とのやり取りの中で、断る言葉を弱める言葉が付いているかどうか、注意する必要があります。また、強める言葉は願望である場合が多く、その場合も譲歩の可能性がありますが、交渉は難しくなります。

最近は下げていません。
多くの場合は……。
ほぼ……。
基本的に……。
一切、下げていません（願望）。
90万円にしてほしいのです。
例外で下げていることはありそうだな。
交渉担当者
サプライヤー

07

ミーティング
交渉テクニック

相手の言葉の意味や定義はその都度確認する

交渉をしている中で、特に重要な意味を持つ、条件やサービスに関わる部分は曖昧な理解をなくすことが大切です。

相手が話しているのを無理やり遮ってはいけませんが、意味の分からない単語や内容が出てきたときは流さずきちんと尋ねてください。お互いにその後ずっと思い違いをしていることもあるからです。「このホームページの運用には毎月3万円しかかかりません」と伝えられても、運用にはホームページの更新代が含まれていなかったり、サーバー代が別途という場合もあります。そのため「運用というのはどこまでの範囲を指すのですか」と確認する必要があります。

このような確認を怠ると、複数のサプライヤーからの見積金額が同条件で比較できなかったり、契約後に揉める場合が出てきます。その他にも、こちら側は月額の運用コストの話をしているのに、相手は年額の話をしていることもあります。その場合、相手の反論の主旨を確認することが大事です。

「既存サービスの運用コストに関しては、システムも古くなってきているため、月額で20万円を削減いただけないでしょうか」という発注者側の希望に対し、サプライヤー側から「御社の気持ちは分かりますが、私どももシステムのアップグレードのためにソフト会社から更新料を毎回５万円程度値上げされている状況で相当大変なんです」と反論された場合、反論に同調しつつも「なるほど、大変ですね。それは毎月更新ということですか」と質問します。「いえ、2年更新です」との返答が得られれば、月に２０００円程度であることが分かります。

このような行き違いはよく見られます。数値の単位や、どういう視点で話しているかを意識しながら相手の話を聞くように心がけてください。

また、主旨の曖昧な言い方にも注意しましょう。複数レンタルしている機器があり、交渉の末、相手から「レンタルから買い取りへの切替代金は10万円です」と伝えられても、それが1台の買取価格なのか複数台の買取価格なのかで価格が大きく変わってしまいます。特に電話での交渉はそのようなミスコミュニケーションが多いため、電話で取り決めたことは必ずメールでも確認するようにしてください。

08

ミーティング
交渉テクニック

歩み寄りのテクニック

譲歩の仕方、タイミングで、交渉の落としどころは大きく変わります。譲歩の仕方で交渉がうまいか下手かも判断できます。価格のみの譲歩であっても相手の受け取る印象は大きく変わります。例えば、サプライヤーから1000万円と示された商品に対し、こちらはできれば900万円で購入したいとします。希望金額を伝えた後、サプライヤー側から次に提示される数字が、990万円と950万円ではこちらの印象はだいぶ変わります。ほとんどの人は、990万円はこれ以上下がりそうもない金額、もしくは引いても数万円ぐらいだろうと受け取るのではないでしょうか。一方、950万円に対しては930万円くらいまで可能性があるのではないかとの印象を受けると思います。

こちらの予算が実際には930万円だったとすれば、990万円を提示された時点で他のサプライヤーに声をかけようと考える公算が大きくなります。譲歩の仕方で交渉の行く末に影響を与えるのです。

《図 39》歩み寄りのテクニック

条件を譲歩していく場合は、徐々に譲歩する幅を小さくしていきます。「最初の譲歩＞2回目の譲歩＞3回目の譲歩……＞N回目の譲歩＞N＋１回目の譲歩」が基本となります。

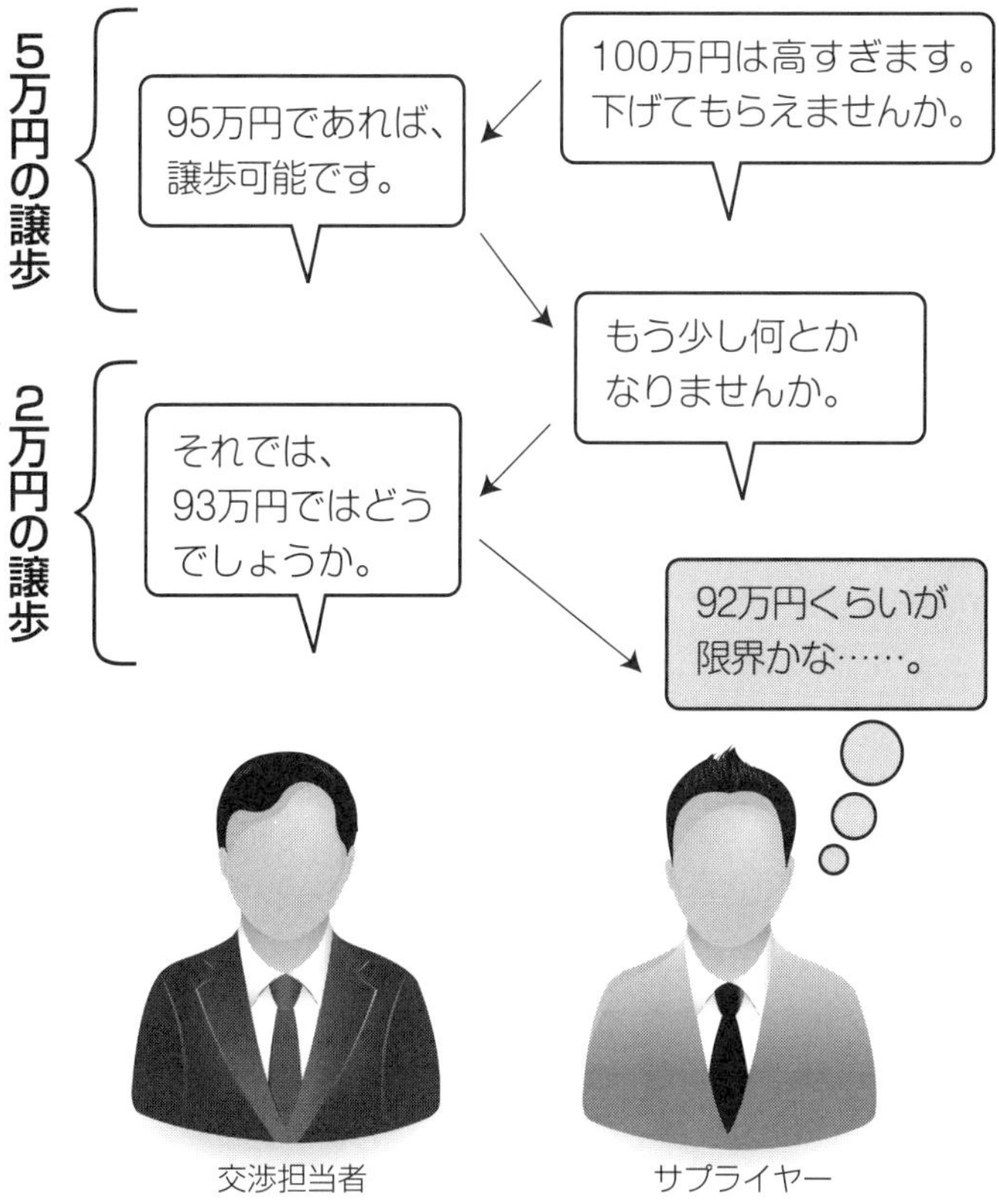
5万円の譲歩
2万円の譲歩
100万円は高すぎます。下げてもらえませんか。
95万円であれば、譲歩可能です。
もう少し何とかなりませんか。
それでは、93万円ではどうでしょうか。
92万円くらいが限界かな……。
交渉担当者
サプライヤー

譲歩のテクニックには次の2つの方法があります。

一つ目は、譲歩を2回する場合には、「最初の譲歩より2回目の譲歩の幅を小さくすること」を意識するということです（前ページ図39）。

金額であっても他の条件であっても同様です。逆に「最初の譲歩より2回目の譲歩の幅が大きくなる」と、交渉相手は3回目の譲歩まで粘れば2回目以上の譲歩を引き出せるのではないかと受け取ります。また、1回目はかなり足元を見た譲歩だという印象も相手に与えてしまいます。ぎりぎりの中で譲歩しているという演出が重要です。

2つ目は、譲歩に至った理由をできる限り具体的に伝えるということです。さらに譲歩する金額はキリのいい数字ではなく、端数を残したまま提示してください。

例えば「今回はいつもの1・5倍購入していただけるため、利益率ではなく利益額の9・7％低い価格で社内承認を取り付けました」と言うのと「今回は1割低い価格で社内承認を取り付けました」と言うのとでは、どちらが説得力のある回答に聞こえるでしょうか。

後者の方はもっと下がりそうな印象を与えます。このように譲歩の仕方で交渉相手の対応が大きく変わるということを念頭に入れておいてください。

09

ミーティング
交渉テクニック

膠着《こうちゃく》したときは譲歩しないで提案する。セカンドオファーは先方から

双方が譲歩せず膠着状態になるときがあります。その場合はどうすればよいのでしょうか。ありがちなのが膠着し険悪になった雰囲気に耐えきれず、不本意な譲歩を切りだしてしまうケースです。「それではあと２％の値上げを認めます」と根負けして譲歩してしまった経験はありませんか。一般的に交渉の譲歩は、片方が一方的に始めるともう片方は何度も求めてきます。

膠着したときは、譲歩するのではなく提案してください。提案とは、譲歩のように単に予算を上げたり条件を緩くすることではありません。単なる譲歩なら「分かりました。90万円の予算しかないのですが、何とか93万円まで増額しますよ」となりますが、「それでは90万円の予算しかないところを93万円まで増額しますが、メンテナンスフィー無料期間を1年から2年に延ばしてください」という提案をするのです。それにより、サプライヤーも一方的に譲歩を求めることはできなくなり、提案に対してどうすべきかというアクションが生まれ、交渉が一歩前へ進みます。

このように交渉が膠着したり、先方が何を言ってもダメという対応の場合は、まずは提案をし

てみることで打開策が見えてくることもあるのです。

それと同様に、最初にコスト削減を申し入れた後のセカンドオファーは、基本的にはサプライヤー側からもらうようにしてください。10％削減で申し入れたけれどサプライヤーは首を縦に振らず、セカンドオファーで5％削減に譲歩しても良い顔をしなかったとします。サプライヤーからすれば、「ダメ出しを続けていればそのうち申し入れを引っ込めるだろう」という気持ちが働くのです。申し入れの条件の強さやサプライヤーの状況によってセカンドオファーは発注者側が行うという場合もありますが、なるべくサプライヤーからもらうことを意識してください。それによって少しでも譲歩が見られたら、後は合意までお互いの差を縮めていくだけです（図40）。

《図 40》膠着時のテクニック

膠着時に相手からの譲歩がない場合、こちら側から譲歩をするのではなく、提案しましょう。「提案＝こちら側の譲歩＋交渉相手への要求」です。

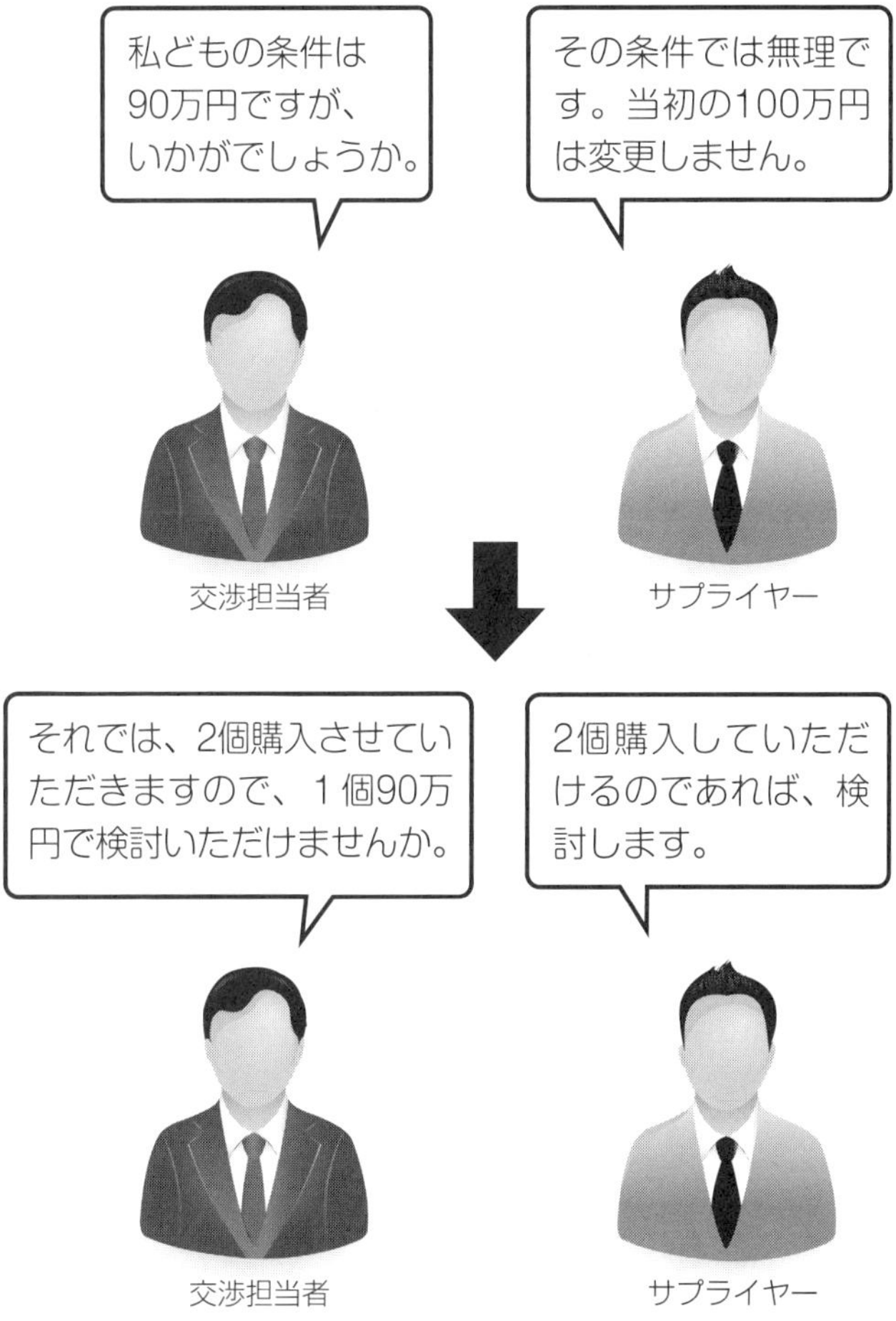
私どもの条件は90万円ですが、いかがでしょうか。
その条件では無理です。当初の100万円は変更しません。
交渉担当者
サプライヤー
それでは、2個購入させていただきますので、１個90万円で検討いただけませんか。
2個購入していただけるのであれば、検討します。
交渉担当者
サプライヤー

10

ミーティング
交渉テクニック

交渉条件は金額換算する

価格だけの交渉から次第にさまざまな条件や追加オプションの交渉へと発展したときに、どのオプションを選択するかは金額換算して決めるのがよいでしょう。

パソコンを100台購入するとします。サプライヤーからは、本体の価格はどうしても割り引けない代わりに、追加オプションをサービスで提供するとの申し出がありました。次の3つのうちの一つであれば無料でサービスすると伝えられました。

オプションA：3年間メンテナンスフィー無料
オプションB：○○ソフトの無料インストール
オプションC：自社仕様への設定を行う＋メモリ増設無料

発注者側としてすべきことは、その3つを金額換算することです。Aは今後の保証期間を超えた場合の追加保証期間は年間１万円で、１台当たり２万円得になり、１００台であるため２００万円得する勘定になります。Ｂは○○ソフトが１万円で、インストールの手間が０・３時間／台ぐらいと見込めます。時給２０００円×０・３時間＋１万円のソフト×１００台であるため１０６万円得することになります。Ｃであれば自社仕様への設定にしてもらうための人件費は、インストールの手間にかかる時間に換算すると2時間／台で、１台当たり４０００円、メモリを２万円と見込めば合計２４０万円も得することになります。

単純に合計金額で見ればＣを選択するのがベターですが、ハイスペックなパソコンが必要なかったり、現状より更新時の負担を減らしたいとの思いがあればＡの選択もあり得ます。要は金額換算し、比較しづらい条件交渉を頭の中で整理すればよいのです。

交渉時の条件はできる限り金額換算して条件取引することが鉄則です。それをしないと方向性が定まらず、先方からの提案に対しても曖昧な対応になってしまいがちだからです。

なお、金額換算を厳密にすると前記のメンテナンスフィーは現在価値に直す必要がありますが、いったんは単純な比較でよいでしょう（図41、図42）。

《図 41》価格以外の条件を金額換算する

各種条件は、できる限り金額換算した上で判断します。感覚で優劣を判断しないことです。

なお、信用やブランド等の金額換算が難しいものは、金額換算するかどうか検討し、しない場合も一つの条件として加味します（M＆A時や高額商品を購入する際はコンサル等を利用した算定も視野に入れます）。

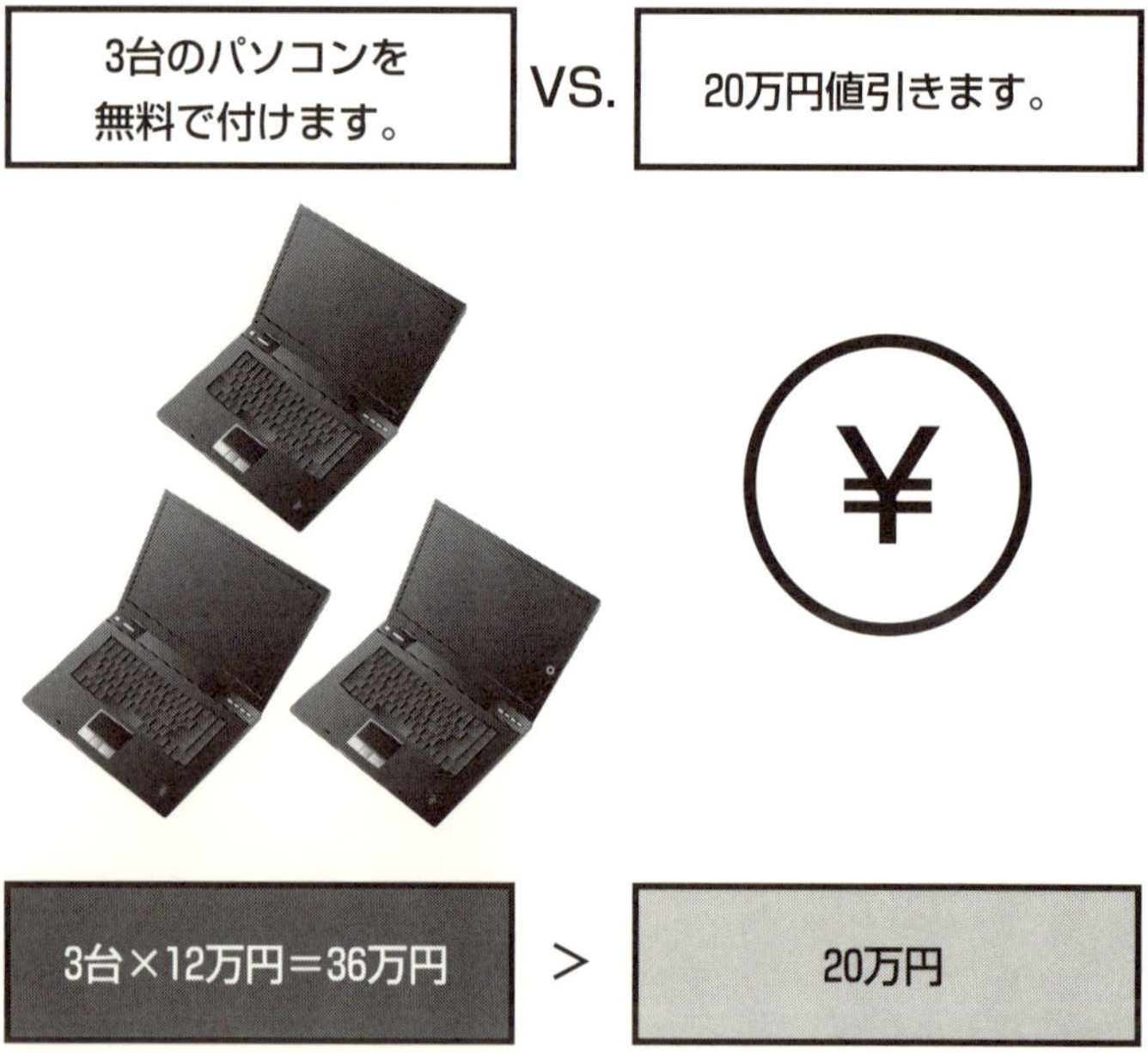
3台のパソコンを
無料で付けます。
VS.
20万円値引きます。
¥
3台×12万円＝36万円
>
20万円

この場合、3台のパソコンを無料で付けてもらう方が良い条件となります。
なお、パソコンが不要で、今後も必要ない場合は、20万円の方を選ぶようにします。

《図42》価格以外の条件の金額換算の例

条件	計算方法
コピー用紙 1万枚無料	0.7円/枚 ×1万枚＝7000円
1000万円を 2分割で残りは 1年後に支払い	500万円 ×*10%＝50万円 ※何%にするかはROIやサプライヤーの倒産リスク、金利等によって決める。金額が大きい場合は財務等に相談し、決定する。
担当者を 10日間 無料で派遣	担当者が必要という前提で 5万円/人 ×10日間＝50万円 なお、担当者が不要の場合は、 0円
家具の組み立て 無料	*100時間 ×*5万円/人＝500万円 ※自社で社員が組み立てた場合の時間と単価（人件費換算）
内製化までの 技術修得 サポートを無料	最短:(50万円×6か月)＝300万円 最長:(50万円×12か月)＝600万円 平均:(300万円＋600万円) ÷2＝450万円 ※技術修得期間6～12か月、サポートの通常価格50万円／月の場合

11

ミーティング
交渉テクニック

電話での交渉はメールでも確認

非常によくあるトラブルの一つに、電話で交渉し合意したはずの内容がサービスの提供時になって自分の理解と全く違うものに取り違えられていたということがあります。要はお互いの要求が噛み合わず、合意できていなかったということです。電話で取り決めたことはメールでもその後確認する習慣を身に付けておくようにしてください。

特にシステムやネットワーク関連のような、形の決まっていないケースによってサービス内容が異なる場合において、そのような事例をよく見聞きします。サプライヤーの営業マンに説明スキルが欠けている場合などに発生することが多いので、重要な要件が決まった場合は打ち合わせの最後に再度内容を整理・復唱し、その後確認メールをするなどの丁寧な対応を心がけてください。せっかく粘り強く交渉してきたにもかかわらず、双方の理解が食い違っていたために全て台なしなどという事態は避けたいところです。また、一度そのような食い違いがあるとその後の再交渉もより困難なものになるでしょう。

12

ミーティング
交渉テクニック

選択肢という条件を出す

《図 43》選択肢を与える

提案が2つ以上の場合には、受け入れるかどうかではなく、提案の中からどれを選ぶかという思考になり、こちら側の提案が受け入れられやすくなります。

A案は1個90万円で2個買う。B案は93万円で1個買う。どちらにしますか。
A案にしようか、B案にしようか、どっちが得かな。
交渉担当者
サプライヤー

これは基本的な譲歩のテクニックで、相手からの条件に対して譲歩案を２つ提示するという方法です。譲歩案が一つであれば、断るか、交渉相手が違う条件を出すことになりますが、２つ提示した場合、相手の心理としてはどちらかを選ばなければならないという心理状態になります。

譲歩案には条件と価格を織り交ぜるのがよいでしょう。提示価格が１年契約の場合は月１１０万円、３年契約の場合は月１００万円だったとき「１００万円で２年契約か、もしくは90万円で３年契約の条件ではいかがでしょうか」と提示することで、サプライヤーがより得だと考えた、どちらかの条件を選んでもらえます（図43）。

13

ミーティング
交渉テクニック

定期的に交渉状況を整理する

長引く交渉の場合は定期的に状況を整理し、討議事項をリスト化して毎回の打ち合わせ内容を議事録に残し、双方が「今、どの時点にいて、どこまで達成したか」という理解を共有しておきましょう。

複雑な契約やサービスなどの交渉を進めていると、時にどの条件がどこまで合意しているかが分からない、もしくは曖昧になっているということがよくあります。

そのため、特に交渉が長引いているとき（M&Aや不動産関連であれば、交渉が1年程度続くことは多々あります）は、交渉している内容をリスト化することによって、交渉すべき内容も絞られ議論しやすくなります。

図44のように、価格・時期・品質などをリスト化し、「お互い合意している項目かどうか」「どの程度サプライヤーの提示と開きがあるか」「自分たちのボトムラインはどこなのか」「譲歩できる部分はどこなのか」などを整理し交渉する部分を絞っていきましょう。

《図 44》交渉状況を整理する

交渉が長引いているときや、複雑な契約のとき、また打ち合わせが終わる際に、交渉内容を整理する時間を取ってください。
下記の内容を整理するだけで、交渉相手との相違点などが明らかになり、議論が進めやすくなります。

整理する内容
価格、金銭的な条件（ファイナンス、一括・分割等）
全てのスケジュール関連 （納期、支払日、契約日、業務に関わる時間等）
業務範囲
商品、サービスのクオリティー
契約関連（中途解約等）

また、リスト化した内容はサプライヤーにも見せるようにします（もちろん、自社のボトムラインなどは見せてはいけません！）。もし相違点等が見つかれば、そこはまだ合意していない要素ということになります。

ここはもう合意したと捉えていても、後に諸条件で揉めたりお互い認識違いがあったなどということはよく見られます。そのため、曖昧な部分をはっきりさせるという意味でも交渉が長引いているときや、交渉の合意前には交渉内容をリスト化し、双方で確認し合ったほうがよいのです。

14

ミーティング
交渉テクニック

完全否定はしない

新規のサプライヤーが提示した条件が、あまりにも自社の考える数字や計画とかけ離れている場合、それで交渉を終わりにしてしまったという経験はないでしょうか。するとサプライヤーとの関係は途切れてしまいます。そのように切り捨てることがプラスになることはありません。

その条件では受け入れることができないという場合でも、サプライヤーとの関係性を良くしておくことは重要です。「今の条件では難しいですが、条件変更していただくか、もしくは別の製品であれば、取引に応じられます」と、何らかの譲歩の意思を伝えるようにしましょう。

それによりサプライヤー側に、発注者側が何とか応じようと誠意を持っていることが伝わり、良好な信頼関係を生み出すことができます。次回のコスト削減の際の入札に参加してくれることも期待できますし、既存のサプライヤーと取引できなくなったときに、代替企業の1社として取引できる可能性もあります。また、競合の情報を教えてもらうなどの情報交換も期待できますので、できるだけ長く付き合うことを心がけましょう。

15

ミーティング
交渉テクニック

「交渉中に確認することリスト」を作っておく

交渉中に確認すべきポイントはリスト化してください。第3章で述べた交渉ヒアリングシート（P96、図23）に書き込んでもよいでしょう。

基本的なポイントはサプライヤーの情報やサプライヤーの競合や代替製品について、そして製品のクオリティーについてです。また、支払いは分割可能か、タイムリーな対応が可能なのかなどの時間に関することも確認しておく必要があります。

さらに、価格や条件、またサプライヤーの考えているターゲットとボトムラインなども可能であれば探ってください。なお、すでに取引している商品が変わる場合は、現状のものとの違いは何かということも確認しておいた方がよいでしょう。

その場合、特に注意すべきなのが、その仕様や品質などです。商品やサービスが同じであれば後は価格や条件部分の交渉になりますが、異なる場合はその部分を金額換算するなど、手間をかけた対応が必要になってきます。また、複雑な価格設定になっている場合は、イニシャルコストとランニングコストに分けて、それぞれに何の費用が含まれているかを整理して比較する必要があります。

以上のことをリスト化する、もしくはヒアリングシートに書き込んでおくと確認の漏れが少なくなりますので、ぜひ実行してみてください。そして、もし交渉中にヒアリングできなかった場合や漏れた場合は、「質疑一覧書」としてメールで確認する等の対応を取っておくとよいでしょう。

16

ミーティング
交渉テクニック

断られてからが交渉スタート

既存の製品・サービスのコスト削減をする際、サプライヤーに「今期の価格は10％抑えていただけないでしょうか」と伝えても「正直、私たちもぎりぎりの価格でやっていて、これ以上の値下げは難しいです」とか、「価格設定に関しては、全企業に同じ価格で供給させていただいているため、価格の改定はできません」などと断られるのがオチです。

ほとんどの場合、それで発注者側は削減を諦めるのですが、サプライヤーは発注者側のコスト削減の要求は数えられないほど聞いており、断ることが習慣化していて、大抵は相手はすぐに諦めるだろうと、表現は悪いですが高をくくっている場合も多いのです。一度断られてからがスタートという感覚で、サプライヤーとの関係性を大事にしながら粘り強く交渉を進めてください。

海外の露天商などで買い物をする場合、「これいくら？」「１００ドルだよ」「いや、高い。50ドルにまけてよ」「いや、それだと商売にならないよ。90ドルだ」と必ず値引いて伝えてくれますが、以前そのような露天商に、「毎回値引くような商売方法を取っているけれど、手間にならないの？」と聞いたところ、「取りあえず価格を聞いてくるお客さんが多い。買うかどうか迷っていても値引くことで交渉のテーブルに着かせ、交渉の末に合意する。交渉に勝ったことに満足し必ず買ってくれるのでこの方法にしているんだ」と言っていました。

まず値引いて交渉のテーブルに着かせて、最後は少し譲歩して満足して購入してもらうことが彼らの交渉テクニックなのです。

17

ミーティング
交渉テクニック

「何が何でも交渉を成立させたい」ことを相手に気付かせない

商品の取引において、サプライヤーが1社しかない場合は、その企業と取引するしかありません。しかし、価格や条件などを交渉しなければならない場合は、取引したいという態度をあからさまに示さない方がよいでしょう。

サプライヤー側では複数社の中で競争を強いられていると思っていますから、できる限り条件や価格面で譲歩しようという考えを持っています。実際、1社しかないと分かると、高額な価格を提示してくるサプライヤーも現実にはいますので注意が必要です。

仮に、サプライヤー自身が自社しかないと分かっている場合でも、その製品が絶対必要というスタンスは隠して交渉しましょう。価格や条件次第ではその製品を購入しないこともあり得る、という態度を取ってください。また、複数社とやり取りしているだろうとサプライヤー側が思っている場合は、そのようなスタンスで交渉してください。どうしても1社しかない、その製品やサービスしか検討できないという立場を相手に感じさせたら、途端に立場は逆転します。

18

ミーティング
交渉テクニック

「ボトムラインです」を疑え

交渉相手が「ボトムラインです」と言って提示する価格は、実はターゲット価格であることが多いので注意をしてください。過去に1000社を超えるサプライヤーと交渉をする中で、「これ以上は無理です」と言いながら結局は値引きに応じた例は4割を超えます。もちろん、そう簡単には値引きに応じてくれませんが、サプライヤーにとって有利になる提案などを織り交ぜながらコスト削減を行う努力をしてみてください。

本書の「はじめに」に出てくるアジア系の財閥との交渉でも、日本支社のトップは850億円のときも430億円まで値引いたときも「これ以上下げることはできない。これがぎりぎりの価格だ」と伝えてきました。

例えば、「御社のご要望は分かりますが、現状ご提示している価格は弊社としてはすでに赤字で、これ以上値引けと言われても……」とサプライヤーが首を振りながら言ったとします。そのような場合は、こちらの意向を次のように伝えます。

「仕方がないですね。弊社としてはどうしてもこの予算しか取れない。できれば、来年も同じ金額で発注することを前提に再度検討いただけないでしょうか。検討が難しいのであれば他社にも声をかけざるを得ません」

するとサプライヤーからは上司に電話するなどの過程を経て、次のような答えを返してきます。

「上司に伺いを立てたところ、来年も同額で発注していただけるのであればこの金額で対応可能かもしれません。これが本当のボトムラインです」というように、値引きに応じてくることがあります。

「これでめいっぱいです。これ以上は下げられません」という言葉を頭から鵜呑みにせず、ミーティングの交渉テクニック16でも述べたように「これ以上は下げられません」から交渉がスタートするぐらいに考えてください。そこから心を引き締め、しっかりとした対応を取ることが、交渉に必要な姿勢です。

一方で、自社から伝えたボトムラインをコロコロ変更してはいけません。それにより、交渉相手にまだまだ交渉が可能だと思われる上に、信頼関係の構築においてもマイナスになります。

19

ミーティング交渉テクニック

ボトムラインの判定方法

《図45》ボトムラインの判定方法の例

項目	内容
マーケット調査	対象費目の競合サプライヤーや利用している企業にヒアリングする
	有価証券報告書や原価の計算から、商品の損益分岐点を算出する
	調査会社やコンサルタント等に依頼する（金額の大きい費目の場合）
相手の対応	提示した条件に対して、回答や見積書がなかなか出てこない場合
	いったん、合意したにもかかわらず、相手の社内稟議が下りなかった場合

前項でボトムラインを疑うというテクニックを紹介しましたが、なかには本当のボトムラインを提示しているサプライヤーも半分ほどですがいます。その中で、やみくもにボトムラインを疑い、何度も譲歩を迫ることは決して良い交渉とはいえませんし、信頼関係が崩れることになっては本末転倒です。そのため、サプライヤーから出てきた数字がボトムラインかどうかを判定する必要があります。

その方法は図45に示した通りです。その中でもマーケット調査は詳細に行えば行うほど精度の高い情報が入手できて相場感をつかめますので、金額の大きい取引をする場合はしっかり調査するようにしてください。

20

ミーティング
交渉テクニック

勝ちすぎてはいけない

「心理的に相手を勝たせること」は重要です。交渉の末、何とか「こちら側からの譲歩を勝ち取った」と交渉相手に思わせることを心がけてください。そのため、最終的な交渉フェーズでは可能な限り譲歩してください。

少し極端な例になりますが、当初サプライヤーの価格が１００万円で、こちらが80万円と主張していたのが、サプライヤーの価格が92万円、自社が91万円まで歩み寄った場合、「それでは、92万円でお願いします」とサプライヤーの要求に沿うことで良好な関係性がキープできます。反面、91万円でないと契約しませんと言った場合、サプライヤーは渋々その条件で合意しますが、心情としては交渉負けしたようで不満足な取引だという印象が残ってしまいます。

金額ボリュームが大きい案件でサプライヤーにとっては赤字の価格となるにもかかわらず、品質、スケジュール、メンテナンスと全ての条件がこちらの理想の形で強引に契約したとします。その結果、サプライヤーとの良好な関係性に影を落とすということは十分に考えられますし、そ

《図 46》勝ちすぎた交渉をしたために起こりうる問題

具体的な事例
サプライヤーからの再契約の中止の申し入れ
契約条件の途中変更（値上げ等）
サービスのクオリティー低下
アフターフォローのクオリティー低下
サプライヤーと取り決められていなかった条件に対する厳しい要求 （無料サポートだったものを有料にされる等）

の取引がサプライヤーにとって負担になりすぎると、サプライヤーの倒産リスクも出てきます。

既存の取引業者との交渉で勝ちすぎた場合のリスクは、図46に示されるようなものが挙げられます。極端な例もありますが、金額を執拗に求めすぎたためにサプライヤーとの信頼関係が崩れるという例は多くあります。信頼関係の構築のためにも「最終的には、サプライヤーにも満足感・達成感を与えること」を意識して交渉に取り組んでください。

21

ミーティング
交渉テクニック

どうしても先送りしたい場合はどうするか

会社や事業部門の状況によって、あるいはサプライヤーが複数の場合やサービス・製品に対して迷いが生じたとき、交渉をいったん棚上げし、先送りした方がよいということは往々にしてあります。しかし、一方で契約やサービスの供給は受ける必要があるといった場合には、どう対処すればよいのでしょうか。

まず、供給されているものがサービスや業務委託であれば、価格が少し割高になってもペナルティー（違約金など）がなく中途解約できるものを選ぶという手があります。それにより、半年後、1年後でもサプライヤーを選び直すことができます。高価な製品の場合は、ペナルティーのない中途解約可能なリース（レンタル）を選べばいいでしょう。

散々交渉して結論が出ない場合や、何かしら契約することに不安があったり確信が持てない場合は、先延ばしを選択することが肝心です。「先送り」には簡単に解約できるようにすることや、本当に必要なものを部分的に購入するなどの方法があります。

22

ミーティング
交渉テクニック

合意できる回答であっても即答しない

サプライヤーが提示した条件が文句なしで合意したい内容であっても、その場で「イエス」と即答してはいけません。サプライヤーは条件提示が甘かったかなと思いますし、何とか取り返そうと未決定の他の条件を厳しくしてくる可能性があります。

合意できる条件が出てきた場合でも、いったん社内で検討することを伝え、再度交渉条件を確認の上、後日合意を伝えるようにしましょう。それにより確認ミスや条件漏れも防ぐことができ、追加の条件を要求することも可能です。何よりサプライヤーが満足する可能性が高くなります(図47)。

《図 47》先方の提案に対し、すぐに承諾しない

交渉相手から提案・再見積もりを提示され、その内容がこちらの目標を達成していても、すぐに承諾してはいけません。いったん、検討すると伝えてください。交渉相手に与える印象以外に条件整理や再考できるメリットがあります。

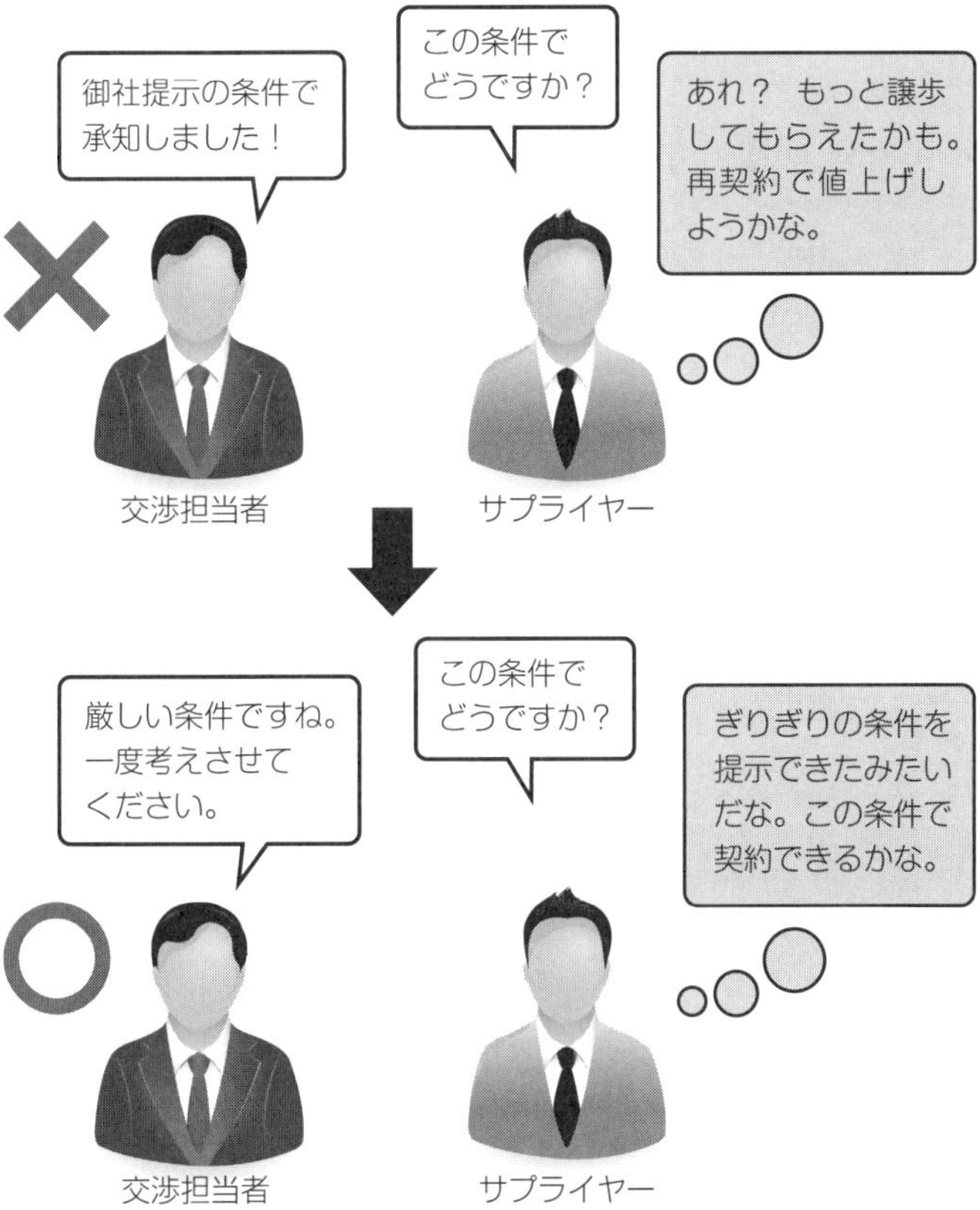
御社提示の条件で承知しました！
この条件でどうですか？
あれ？　もっと譲歩してもらえたかも。再契約で値上げしようかな。
交渉担当者
サプライヤー
厳しい条件ですね。一度考えさせてください。
この条件でどうですか？
ぎりぎりの条件を提示できたみたいだな。この条件で契約できるかな。
交渉担当者
サプライヤー

23

ミーティング
交渉テクニック

感情的にならず丁寧に対応する。しかし、熱意は必要

交渉中に相手の言葉や対応に思わず感情的になってしまうこともあるでしょう。しかし、それによって交渉がプラスに動くことはありません。常に冷静で丁寧な対応が求められます。ただし、冷静かつ丁寧に対応することは意識しなければなりませんが、それが高じて熱意がないように思われては元も子もありません。交渉が膠着状態に陥っているときに担当者の熱意で状況が変わったという例はよくあります。

以前このようなことがありました。大型プロジェクトの条件交渉で契約締結期限まではあと2日しかなくギリギリの中での交渉でした。先方の交渉担当は大御所の弁護士で、何を言ってもこちら側の条件提示には一切譲歩しないというスタンスでした。一方、こちら側はおとなしいプロジェクト担当者と有能な若手弁護士のチームで、弁護士は少し口が悪くはっきり物を言うタイプだったため、大御所弁護士に対しても矛盾をどんどん指摘していました。両者間に信頼関係はなく、条件が全く縮まらない状況が2時間以上も続いていました。ほどなく、大御所弁護士の堪忍

袋の緒がついに切れ、「こんな失礼な対応があるか、今回のプロジェクトは絶対に契約しない！」と大声でどなり出しました。「何が失礼か具体的に言ってください！」と若手弁護士も負けじとどなると、なんと、今まで黙っていたおとなしいプロジェクト担当者が、「そんな権利どこにあるんだ！」と一番の大声を出し始め、その声は会議室中に響き渡りました。

まず、相手の弁護士に対し「あなたはクライアントから依頼され、ここに条件交渉に来ているんですよね！　クライアントの目的は契約です。あなたは我々が長期間準備した上でこの交渉に臨んでいる状況を、全く分かろうとしない！」と一喝し、さらに若手弁護士に対しても「先生もそんな失礼な聞き方で弊社の弁護士として交渉をまとめる気があるんですか！」と指摘しました。

さらに「２人には真剣にプロジェクトを成功させようという気持ちがまるで感じられない！　成功させる気のない人は今すぐ出ていってください！」と、その担当者は涙を浮かべながら２人に叫びました。それを受けて２人の弁護士はびっくり。そのうちお互いの顔を盗み見て、それまでの非礼を謝罪し、何とその30分後にはお互い譲歩し合い、全ての条件がまとまっていました。

少し極端な例ではあります。交渉スタンスが重要であることは間違いありませんし、交渉テクニックも駆使する必要がありますが、やはり交渉を成功させようという熱意もこれらに負けないくらい大事だという例として挙げました。

01

ミーティング NGアクション

目標を明確にせず、下げられるだけ下げてくださいと迫る

「できる限り安く購入したいので、一番低価格でお願いします」というような、発注者側の、目標の見えない〝お願い〟パターンをよく見かけます。このような場合、それを受けるサプライヤーは「どうやら購入することは決定しているようだ」「向こうは予算がないらしいが、最終的にはいくらだろうが購入するに違いない」という2つのことを考えます。

当然、サプライヤーはできる限り高く売り付けたいため、「社内で承認が取れる最安値価格は○○円です」など、それ相応の理由を付けて価格提示をしてきます。

発注者側はサプライヤーがギリギリの価格を出してきていると思い込んでいるため、一応は「もうちょっと下がりませんかね」「何かおまけを付けてください」などの要望を出すこともありますが、さらにサプライヤーから「すみません、これ以上は難しいです」と返されると、目標がないので「そうですか。ではこれでお願いします」と合意してしまうことがほとんどです。最低でもボトムラインとターゲットは決めて交渉に臨みましょう。

02

ミーティング
NGアクション

若い相手、未熟そうなサプライヤーを舐《な》めてかかる

大企業の社長や役員ほど低姿勢の人が多いという印象があります。本書はビジネスマナーの本ではないためそれらの検証に関しては割愛しますが、ファンド時代にメガバンクの専務と交渉した際、非常に低姿勢で、謙虚、丁寧に応対される姿を目の当たりにし、強い条件を提示しづらかったという経験があります。

腰を低くし、丁寧に接することで、逆に「立場の強さ」が発揮されることもあるでしょうし、何よりその人に対して悪い印象を持たなくなります。また、昨今のビジネスの場では若い人でも相当の上位ポジションにいる場合もあり、目下だと考えて舐めてかかったり、上から目線の態度で交渉に臨むと痛い目に遭います。優秀だからこそ、その地位にいるのです。また、零細企業の社長だと思って話しているとお得意先の社長の息子が作った会社だったということもありました。

大事なことは余計な偏見や先入観を持たず、いつでも誰にでも平等な態度で丁寧に接することです。

03

ミーティング NGアクション

強い主張と弱い主張を混在させる

企業の購買担当は値引き交渉の際、「会社の業績が厳しい」「毎年予算が減らされる」「業界の環境が厳しい」「他社の価格はもっと低価格である」など、さまざまな主張をもって交渉に臨みますが、その際はできる限り一番響く主張を厳選して交渉に臨んでください。

例えば、ある担当者に「100万円の製品を80万円で購入せよ」との指示が上司からあったとします。彼は80万円にしてほしい理由を3つ挙げました。

A「他社では同じ機能の製品が80万円で売っている」
B「会社の業績が悪くなってきた」
C「業界の環境が非常に悪くなっており、先行きの見通しが良くない」

全部の主張をサプライヤーに突き付けたところ、サプライヤーから、Bについては「御社の利

《図 48》強い主張と弱い主張を一緒に提示しない

交渉相手に、要求する条件の根拠が2つ以上あり、その根拠に優劣があった場合は、強い主張のみを提示します。

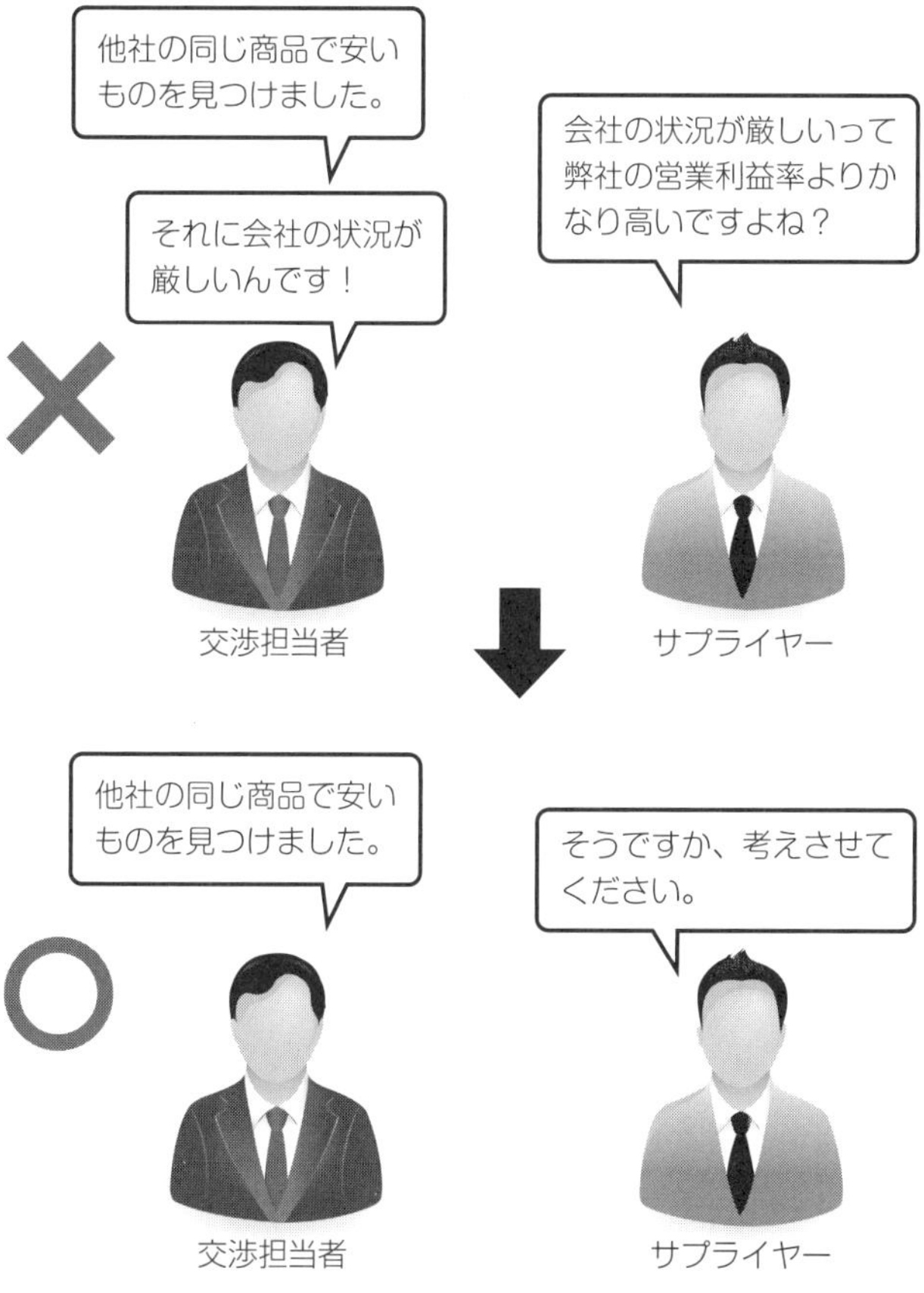
他社の同じ商品で安いものを見つけました。
それに会社の状況が厳しいんです！
会社の状況が厳しいって弊社の営業利益率よりかなり高いですよね？
交渉担当者
サプライヤー
他社の同じ商品で安いものを見つけました。
そうですか、考えさせてください。
交渉担当者
サプライヤー

益を見るとそれほど悪い財務状況ではない。コスト削減を申し込まれても困る」、Cについても「我々の業界と比べると御社の業界の方がいい経済環境にある」と反論されました。

一方、Aの主張に関しては「確かに他社で同じ機能の製品が出ており、それに乗り換えられると困る。仕様が異なるためスイッチングコスト（変更コスト）がかかるので、すぐには変更されないかもしれないが、こちらも少し価格を下げるべきだろうと認識していた」と返事がありました。

このようにAだけ主張すればサプライヤー側にある程度値下げを検討してもらうことができたのですが、相手に響かない主張を重ねて伝えることで反論の余地を与え、かえってコスト削減の正当性が薄くなってしまいました。ですので、強い主張と弱い主張は意識的に分離し、基本的には強い主張のみを提示する方が効果があります。

強い主張と弱い主張は、事前シミュレーションによってある程度見極めることができます。サプライヤーからどのような反応があるかを検討し、主張すべき内容を精査してください（前ページ図48）。

04

ミーティング
NGアクション

交換条件を提案せず譲歩し続ける

サプライヤーから「納期を1か月ずらしてください」と要求された場合、「分かりました」と即答するとその後もその要求が当たり前になり、また期間も1か月から2か月と延びてくる可能性があります。一方的に譲歩せず「その代わり、支払いの方も1か月延ばしてください」「それならば追加オプションを無料にしてください」など、こちらも条件を示し、釘を刺す対応が重要になってきます。譲歩なしに先方の提案を受け続けると、次々と要求が増えてくることがあるからです。

以前、弊社のクライアントが海外の企業とやり取りした際に聞いた話です。

提案を終え、価格や支払い条件などの契約交渉を行っていました。しかし交渉相手は急いでおり、「この部分の設計でもう少し具体的なものを先に出してくれないか」との要望がありました。クライアントは契約が決定し、後は価格や条件面の交渉だけという段階という認識でしたから、その要望に応えることにしました。その後「○○を提案してほしい」「△△のリストを明日までに提出してほしい」など、相手からの要望が増えていきました。

そして、最後に契約となったのですが、当初の提案価格と比較して50分の1の契約金額となっていました。それまで何度も提案のために海外の客先に出向いたのにもかかわらず、交通費も出ない金額となっていたのです。

このような場合は、先方の要求に対して「契約条件を先に固め、締結したと同時に提案書や詳細資料をすぐに提出できるよう準備しておきます」と伝えておくべきでしょう。

05

ミーティング
NGアクション

嫌味を言い、値踏みをし、話を途中で遮る

有利な立場にいることで、これ見よがしな嫌味を言ったり、交渉相手をじろじろ見て値踏みをしたり、相手が話をしているのにそれを遮って、自分の話をしたり……。

このような発注者が非常に多い印象を受けます。

その言葉や態度でどれだけ自社の企業価値が下落しているかを認識すべきです。また、何より交渉の目的である「信頼関係の構築」と「ベストな取引条件」を得られなくなるだけでなく、その交渉担当者自身の価値を下げることにもなりかねません。

06

ミーティング
NGアクション

反論ばかりし、相手を論破することに夢中になる

交渉を勘違いして、自分に交渉力があると思っている交渉担当者は、相手の意見や主義主張を絶えず論破したがる傾向にあります。相手の考えに対し「それに関しては、こう考えるのが一般的で、なぜなら○○という条件だから……」と主張するタイプです。

交渉の目的は論破することではありません。論破することが信頼関係を構築し、ベストな取引をするために必要なことであればそれをする必要がありますが、論破が交渉の役に立っているのを私は見たことがありません。むしろ関係が悪化し、その後の交渉が気まずくなってしまったり、上下関係が生まれ、うまく交渉を進められないケースがほとんどです。

「いや、しかし」「そうは言っても」という言葉には交渉しようという姿勢ではなく、論破や反論姿勢が表れています。交渉において、反論して物事が前に進むことはありません。「いいえ」や「それは難しい」という言い回しは状況によって使う必要も出てきますが、「いや、しかし」は相手への反論や評論につながるので意識的に使わないようにしましょう。

07

ミーティング
NGアクション

嘘をつく

セッティングの交渉テクニック03でも少し述べましたが、交渉において嘘はNGです。嘘はサプライヤーとの長期的な良好関係を崩し、また会社の損失にもつながります。ただし、情報を正直に全部さらけ出す必要はありません。

出すと不利益になる情報に関しては具体的に答えないようにするか、「すみません、その質問には答えられないのです」と伝えてもよいでしょう。嘘をつくより余程マシです。

発注者側にしろサプライヤー側にしろ、言い分に嘘があることが分かった時点で、その交渉が成立する見込みはほぼなくなります。なぜなら相手はその後の取引においても嘘をつかれるリスクがあると認識し、そのような企業とは取引できないと考えるからです。

01

クロージング
交渉テクニック

最後の譲歩で相手に満足感を与える

合意の手前の段階でほんの少しの条件や価格差があった場合は、発注者側が譲歩しましょう。価格で譲歩できない場合は譲歩リストを確認し、譲歩できるものを提示してください。また、相手の提示した条件が合意できる内容であった場合でもすぐにOKを出さないで、一度本部に持ち帰り、後日社内承認を取った旨を伝えて合意してください。もしくは、後日あまり厳しくない追加条件を提示し、この条件を追加してもらえれば提示された条件で合意可能ですと伝えてください。

交渉終了時に何よりも重要なことは、相手に交渉がうまくいったと感じてもらうことです。こちらが優位な内容であっても、相手に満足感を与えるようなフィニッシュにしてください。

交渉相手に納得感を持って合意をしてもらうことは非常に重要です。交渉相手に不本意ながらも強引に頷かせてしまうと、後に合意事項を撤回したり契約に印鑑を押さないなどと言い出したりすることもあります。特に個人やオーナー経営者と交渉している場合は、そのような事例が多く見られるため気を付けてください（図49）。

《図 49》最後の譲歩はこちらからのテクニック

交渉条件を譲歩していき、最後の少しの譲歩が金額的に小さなものであれば、こちらから譲歩するようにしてください。それにより交渉相手に良い取引をしたと思ってもらえて、クロージング中に合意を反故にされるリスクが低くなります。また次回の契約更新も継続される可能性が高くなります。

98万円でどうですか。
98万円は高いです。92万円にしてください。
それでは、95万円でどうですか。
95万円でも高いです。93万円になりませんか。
93万円は難しいです。93.5万円でどうですか。
厳しい数字ですが、社内で承認が取れたらこの数字で合意します。
良かった。最後は交渉に勝つことができた！
交渉担当者
サプライヤー

02

クロージング
交渉テクニック

いったん合意した後に、決まっていなかった条件を追加する方法

合意後に価格の変更や大きな条件の追加をすることはできません。しかし、細かい部分で検討をし忘れた箇所が見つかる可能性もあります。

その場合、「この件についてはどうしましょう」ではなく、「この部分は○○の内容で進めると考えていたのですが、それでよろしいでしょうか」と確認することが大事です。それを受けたサプライヤー側が「いいえ、この内容では難しいので協議しましょう」と返してくれれば再び交渉を続けるということになります。

また、サプライヤー側からこのような要求をしてきた場合は、用意している要求リストを見渡して追加で入れたい条件を選び、「その件に関しては承諾しますが、それと一緒に○○の追加条件も入れてください」と、承諾と引き換えに条件を追加するのも一つのテクニックです。

03

クロージング
交渉テクニック

交渉で決まった事項は、できる限り契約書に反映させる

契約書は先方のひな型のまま、全く手を入れずに締結するという発注者をよく見かけますが、契約書は双方で内容を吟味し修正を加えるというのが原則です。

特に相手が紙ベースではなくメールの添付書類（ワードなど）で送ってきたら、追記修正ＯＫの企業と捉えていいでしょう。ＰＤＦの場合は意識的に修正してほしくないという意図が見えるため修正には抵抗を示してくる可能性がありますが、たとえこの場合でも変に気を使う必要はありません。書類の提出の仕方が何であろうと修正は行ってかまわないのです。ＰＤＦの場合はワードなどのファイルも別に送ってもらいましょう。その方が修正のやり取りに手間がかかりません。

「その指摘の部分は交渉段階でまだ決着していないため、契約書の修正は難しい」と抵抗された場合は、「確かにまだ決めていない部分ですが、弊社としても社内で決められた条件などがあるので協議させてください」と伝えることが必要です。

また、交渉で取り決めたことはできる限り契約書に反映させましょう。

契約書で取り決められていない事項は基本的に双方とも守る必要がありません。契約書に盛り込みたいがどうしても反映しづらい項目がある場合のテクニックとしては、「反映できなかった事項」をサプライヤーの担当者にメールして確認してもらい、「対応可能です」と返信してもらうようにすればいいでしょう。

特に先払いの場合は、契約書の内容の精査は非常に重要であるため、業務内容がどこまで契約書に反映されているかを意識してください。

01

クロージング
NGアクション

口頭合意した条件を引っ込め、より厳しい条件を提示する

ターゲットで交渉がまとまりそうな良い状況であるにもかかわらず、欲を出すことでターゲットでの条件どころか、ボトムラインでの条件でも交渉がまとまらない例をたびたび見かけます。

このような例は、当初提示したサプライヤーへの条件ですぐに合意に至る場合によく起こります。より厳しい条件でも譲歩してもらえると考え、当初の条件を途中で変更してしまうのです。

サプライヤー側が社内の内諾を得ている場合などは大きな問題になり、担当者だけでなく役員にも発注者側のまずい対応を認識されることになり、そのような対応ならば取引しないという決断をされることもあります。サプライヤーが発注者側を信用しなくなる可能性も出てきます。また、交渉の時間も余計にかかってしまうため、他の問題が発生するリスクも出てきてしまいます。特に前者の信頼関係に関わる部分は回復が難しく致命的な結果を招いてしまうこともあるのです。

事前のシミュレーションで決めていた範囲に収まるのであれば、後は速やかにクロージングすることに集中してください。

02

クロージング
NGアクション

捺印締結までスピーディーに対応しない

口頭合意した後に契約締結を時間をかけて進めたため、いつの間にかサプライヤーの社内環境や社会情勢が変わり契約締結が難しくなったという経験をした方もいるでしょう。実際そのような事例は多く存在します。

基本的には、「条件を合意したら速やかに契約締結を進める」ことを意識してください。

また、「契約を締結していたつもりになっていたのに、相手の企業から捺印書類が戻ってきていなかった」などの例もあります。そのため、契約を締結し、自分の手元に捺印済みの契約書が戻ってくるまでは、気を抜かないで契約書の状況を追ってください。捺印までは条件合意はできていない状態だということを認識しておきましょう。

Break time

交渉する相手は、企業だけではない

本書で紹介している交渉テクニックはさまざまな交渉シーンで利用できる。

実際、交渉相手はサプライヤーに限った話ではない。ビジネスパーソンであれば、社内では上司や部下との交渉もあり、社外なら取引相手だけでなく協力会社とも交渉する必要がある。

また、意外な交渉先として公的機関がある。具体的には市役所や税務署などだが、「交渉が難しい、融通が利かない」といわれる公的機関での交渉の経験も私にはいくつかある。

クライアント所有の1万平方メートルの土地に工場が立っていたが、その土地は土壌汚染の可能性があると市に指定され、土地の価値は相当低く見積もられていた。

しかし私たちが独自に調査をしてみると、実際の工場部分は敷地内では500平方メートルに満たず、多くは倉庫利用であり、土壌汚染の可能性がある部分は一部だということが分かった。

その資料を持って市役所に出向き、数度の交渉を経て、「全体が対象ではなく、一部分にとどまる」という見解を得ることができた。

当初、クライアント自身が市役所へ何とかならないかと電話で申し入れても、聞き入れてくれなかった案件が、事前に詳細に調査し、交渉シミュレーションを行った上で出向いて協議することで、９５００平方メートルの土地の価値を元に戻すことができたのである。

以前の税務調査でクリアしていた問題が、その後の税務調査で否認されたなどという例も耳にすることがある。

その場合、「ダメというのはおかしいじゃないか！　前回の担当者は大丈夫と言っていたぞ！」と担当者に正面から啖呵《たんか》を切って迫っても、相手も同様に感情的になり、「ダメだ！」と言い切られてしまったらもう覆すことはできない。

それよりも本文の交渉テクニックでも紹介したように、「これは経費計上が難しいのですね。私としては、〇〇と考えていたのですが、考えを改めないといけないでしょうね。どうすればよろしいでしょうか」と、同じ方向を向いて相談ベースで持ちかけてみるのがよい。

担当者が一度下した結論を変えることは難しいが、何らかの対策をこちらの立場に立って講じてくれる可能性はある。できる限り勢いで決断させないように交渉することが大事なのだ。振り上げた拳を降ろさないわけにはいかないのは、あなた自身にも経験があることだろう。

第5章

サプライヤーとの交渉 実践編

～あなたは、こんなときどうしますか?

交渉場面のトークスクリプト

次に交渉場面でよく使用するトークスクリプト（定型句）をいくつか紹介します。交渉が難航したり、相手の意向が見えにくくなった場合に使うと打開策が見えてきます。

◉「優先順位を教えていただけませんか」

交渉の初期・中盤に使う言葉です。交渉の条件が複数絡まり、進捗が滞って、今ひとつ思うように進まないときに、状況を整理する上で役に立つのがこの言葉です。優先順位を聞くことで、交渉相手にとっての譲れない条件やボトムラインが分かり、何を譲歩すればよいかが明確になります。相手の答えによって、こちらの条件も提示しやすくなります。

ときどき「全て大事な条件です。順位は付けられません」と返される場合もあります。その場合は、なぜどれもが同じ優先順位なのか聞き、その答えによって、本音の優先項目を推測するという方法もあります。ただし「ということは、Aの優先順位が高いということですね」と、相手

《図 50》 優先順位を確認する

交渉内容が複雑であったり、交渉条件が複数あるときに使ってください。

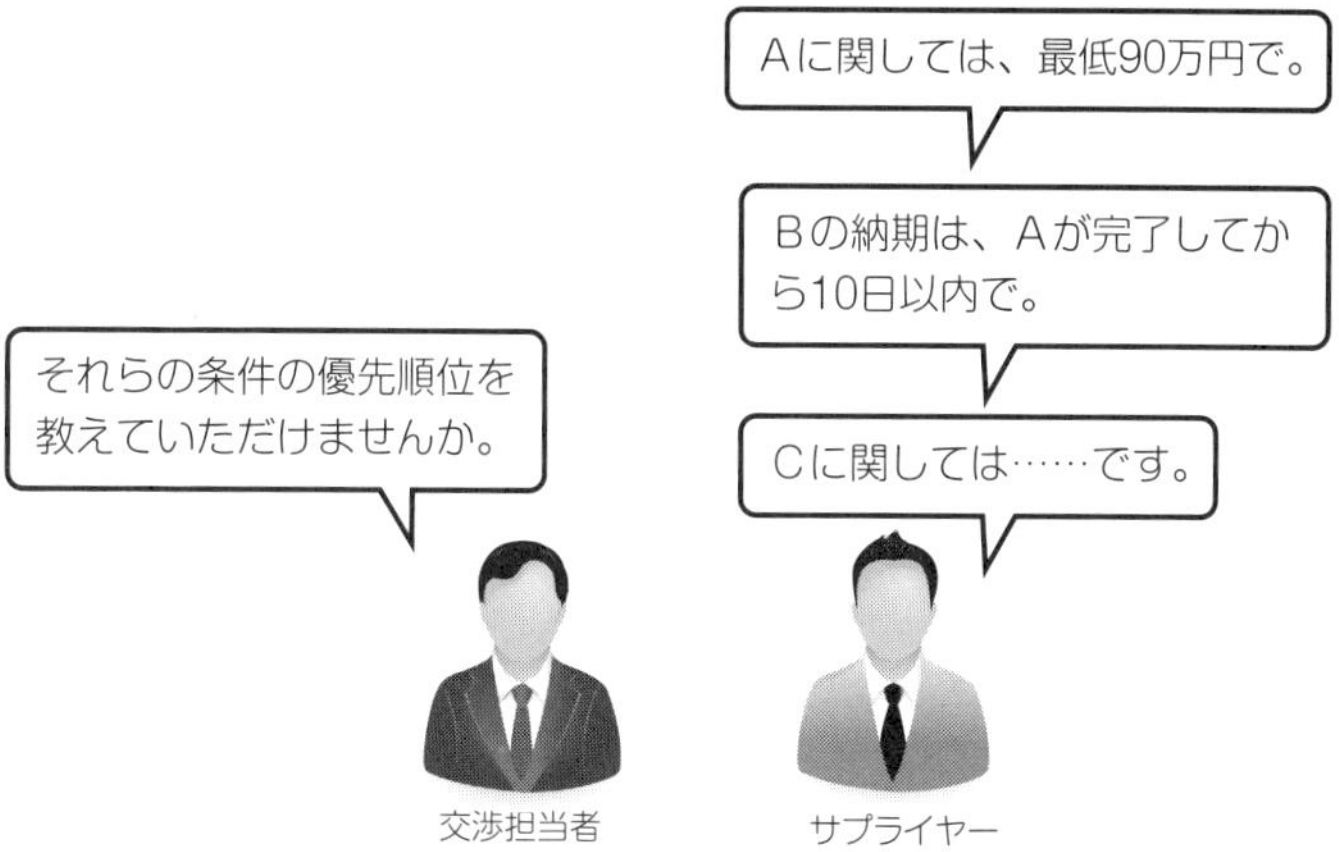
Aに関しては、最低90万円で。
Bの納期は、Aが完了してから10日以内で。
Cに関しては……です。
それらの条件の優先順位を教えていただけませんか。
交渉担当者
サプライヤー

が優先順位を付けないと言っているのにこちらから強引に順位を決め付けてしまうことは避けてください。交渉目的から外れてしまいます。

相手の優先順位をつかむことは重要で、基本的には「優先順位が付かないことはない」と考えて交渉に臨んでください（図50）。

◉「これで全部ですか」

交渉の全ての場面で使用する言葉です。交渉条件や製品・サービスのアピール、品質・オプションなどを確認するときによく使います。

特に交渉条件・契約条件の確認時に、「条件はこれで全部ですか」と聞くことで、そこでいったん要求や条件を出し切らせます。

交渉が終盤に差しかかったときに、相手から「この条件は当然要求しますよ」という、こちらとしては考えてもみなかった意向を示されることが往々にしてあります。

「こちらに関しては、別途毎月料金が発生します」とふいに告げられた経験が皆さんにもあるかと思いますが、発生する費用全てを確認しないことで後々揉めることはよく見られます。

それが元で交渉が中断、場合によっては破断することもあります。そのような事態を回避するためにも、「これで全部ですか」は非常に有用な言葉となります（図51）。

◉「ご提案の理由や根拠を説明してください」

相手が何らかの提案をしてきた場合、提案の主旨、意図は必ず確認するようにしてください。「この値上げの根拠は？」「この条件に変更したい理由は？」「御社では通常、常にこのような条件が加味されるのか？」など、提案に対する疑問点は、すぐその場で確認しておくことが重要です。

相手の優先順位やターゲットが推測できますし、もし相手が譲歩してきたときに、なぜ譲歩できたかの理由を聞くことで、相手がどのような意図で交渉を進めようとしているのかが分かるからです。交渉の中盤・後半に揉め事があった場合、最初に確認した理由を利用できることもあります。「最初のご提案の際、○○だからと理由をおっしゃいましたよね」というように。

《図 51》 全ての条件を確認する「これで全部ですか」

交渉相手の条件が全て出そろったかを確認するときに使ってください。

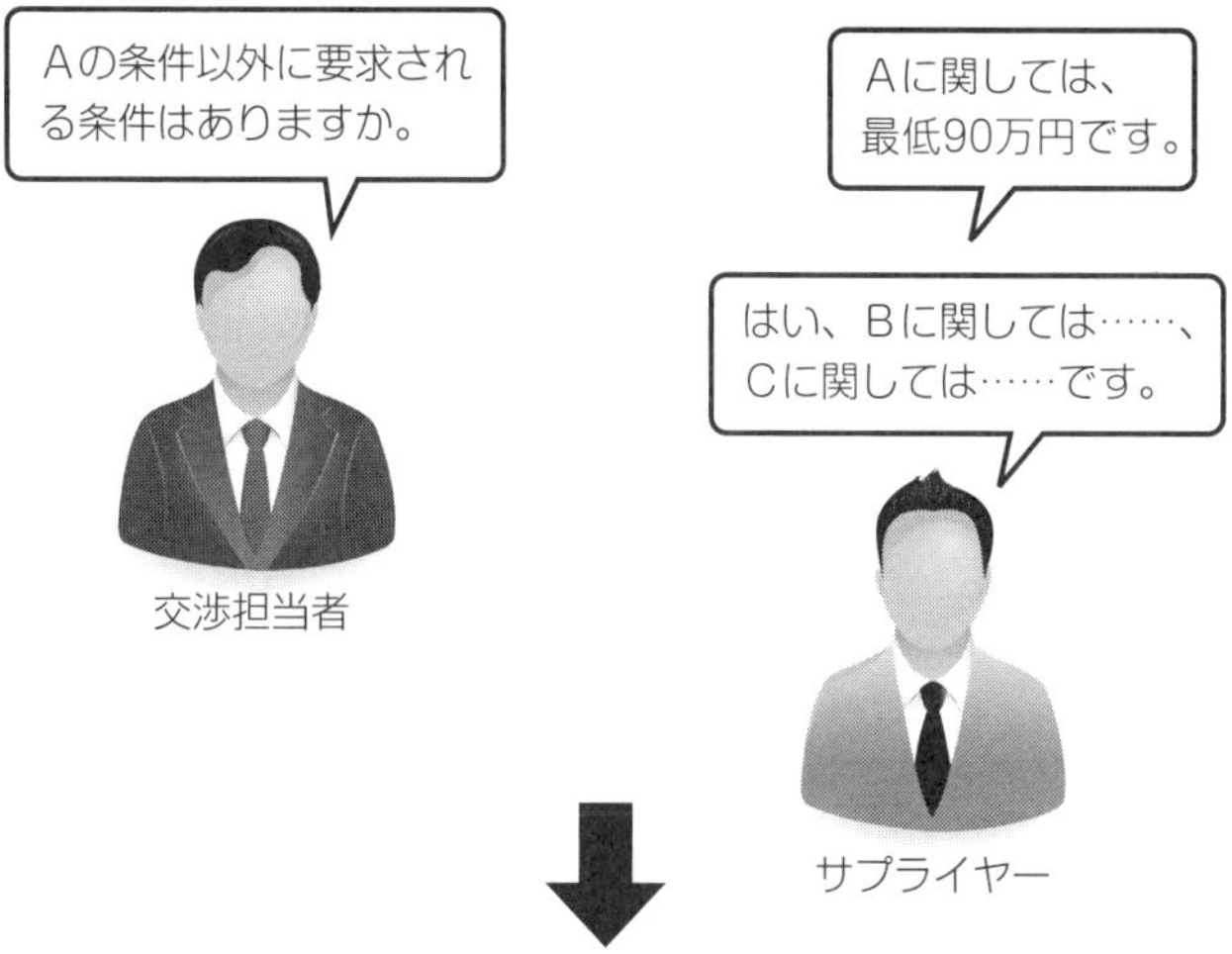
Ａの条件以外に要求される条件はありますか。
Ａに関しては、最低90万円です。
はい、Ｂに関しては……、Ｃに関しては……です。
交渉担当者
サプライヤー

～トークスクリプト１と組み合わせで使う～

それらの条件の優先順位を教えていただけませんか。
あ、優先順位は、Ｂ、Ｃ、Ａ……の順です。
交渉担当者
サプライヤー

◉「それが重要な理由はなぜですか」

同様にこちらのフレーズもよく使います。単独で使うことも多いのですが、優先順位の質問とのセットで使うことの方が多いかもしれません。相手の「重要」「優先順位が高い」「必要」「大事」という言葉に対して、その理由を聞きます。

もしかすると、こちらでは重要だと思っている事項が、サプライヤーにとっては大して大事でない場合や、逆にこちらが考えてもいなかったことに対し、サプライヤーが何か他の意図のために大事と伝えてくるということはよくあります。

サプライヤー「プロジェクト期間は20営業日とし、万一にもプロジェクトが延びないように、御社も必要資料のご提出はスケジュールに則《のっと》ってお願いします」

発注者「私どもも人手不足の中で資料を作成しますので、できれば40営業日に延ばしていただけませんか?」

サプライヤー「それは難しいですね」

発注者「40営業日が難しい理由はなぜですか?」

《図52》　提案や条件の根拠を確認する（理由を聞く）

相手の条件に関し、どのような根拠や理由があるかを確認するときに使ってください。

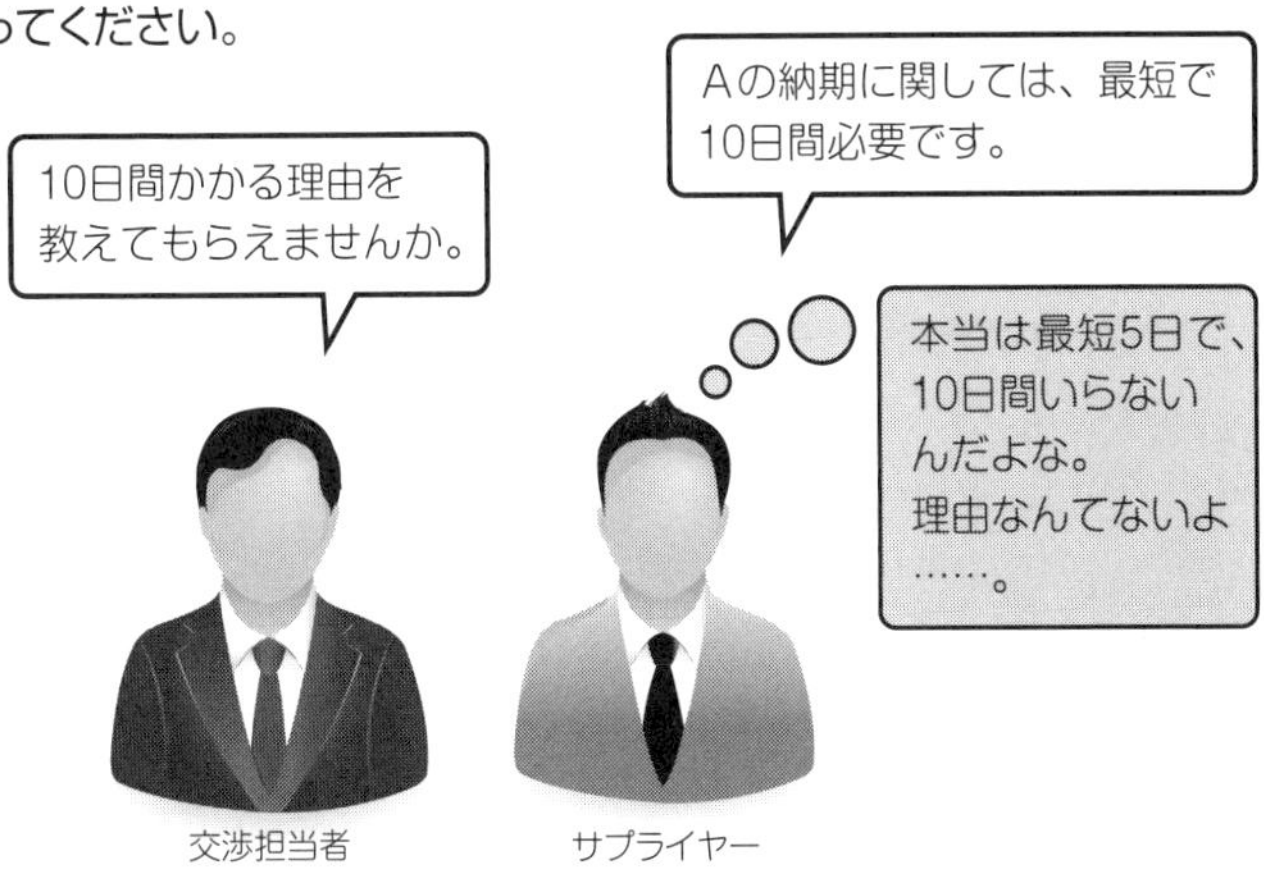
Aの納期に関しては、最短で10日間必要です。
10日間かかる理由を教えてもらえませんか。
本当は最短5日で、10日間いらないんだよな。理由なんてないよ……。
交渉担当者
サプライヤー

サプライヤー　「プロジェクトを開始して40営業日以内にプロジェクト費用の入金が必要だからです。プロジェクトに40営業日かかると、そこから請求書の送付まで5営業日かかり、御社の振り込みも含めると早くても50営業日後に入金することになってしまいます」

発注者　「そうであれば、先に半分お支払いすることや、30営業日のときに請求書を出していただくなどの方法で対処することはできませんか」

サプライヤー　「30営業日時点でのお支払いが可能であれば、プロジェクト期間は40営業日でもかまいません」

このように先方の重要な理由が他にある場合も考えられますので、「それが重要な理由はなぜですか」の質問で、なぜサプライヤーはこの条件や要求を大事にしているかを確認してください（前ページ図52）。

◉「提案した条件で、満足いただけていない点はどこですか」

条件を受けてもらえないことはもちろんあります。その場合、再度焦点を絞って提案するために相手から情報を引き出す必要があります。「提案した条件で、満足いただけていない点はどこですか」は、相手が求めている以上の譲歩をしてしまったり、もしくは相手が求めている譲歩に全然届かなかったりすることを避けるための言葉です。「満足いただけていない点」という表現を使うのがポイントで、このような聞き方をすることで、相手の求めている譲歩が絞りやすくなります。

◉「他に何か譲歩できることはありますか」

交渉が停滞しているときや、交渉の終盤で差がどうしても埋まらないときに使う言葉です。ファイニッシュが見えているのに膠着してしまった、もう提案する材料もないという場合に、このように投げかけることで、新たな情報が得られることがあります。

また、発注者側もサプライヤー側も大幅に譲歩し、それでも足りないときに使う言葉でもあります。サプライヤー自身がもう少し譲歩していいと考えていても、なかなか自分から譲歩を切り出せないときがあります。そのときにこのように伝えることで、相手の譲歩のきっかけになります。

◉「もし○○したら」

交渉で非常によく使う用語として「ｉｆ」があります。要は仮定の話を持ちかけるのですが、基本的には２パターンに分類されます。

①「お話は理解しましたが、もし○○したらどうなりますか」

「なるほど分かりました。参考までにお聞かせいただきたいのですが、○○した場合どのような判断になりますか」

相手からの要求を断った場合、その後相手はどのような出方をするのかを知りたいときがあります。ここではノーと言わずに、「ｉｆ」を代わりに使う方法を紹介します。

「今回はこの見積金額でないと受注できない」と言うサプライヤーに対して、「その値段では無理です」と断ればそれで交渉は止まってしまいます。そこで「見積金額が下がらないということは分かりました。それでは、仮にこの金額で発注ができないとなれば、今回の取引はなくなりますか」と質問します。

サプライヤーは、その価格がボトムラインの数字であれば、当初の予定通り「見積もり以下では契約できない」と断言するでしょうし、もしまだボトムラインに達していないのであれば、「値引きする金額にもよる」というニュアンスの返答をする場合もあります。また、発注量を増やすことや契約を継続することが目的で金額を見直すことが可能ならば「発注量を増やせるのならば、値引きできる可能性もある」と返答するでしょう。

これは、サプライヤーの本音やボトムラインが分からないときに、断ってきた背景を知るために、サプライヤーへ「ｉｆ」の質問を投げかけ、相手の状況や新たな交渉継続のチャンスを探るフレーズです。

②「もし弊社がその提案を受け入れた場合、御社はどのような条件を受け入れてくれますか」「仮にそれを可能と仮定した場合、御社はどのような対応になりますか」

交渉が停滞、膠着している場合に使う「ｉｆ」です。交渉の中で条件の開きがなかなか埋まらないときやお互いに譲歩しかねているときに、相手の条件を受け入れるとしたら代わりに何をしてくれますか、という投げかけをする言葉です。特に発注者側が譲歩することでサプライヤー側の譲歩を引き出すパターン、もしくは、時間がないため膠着している交渉を動かしたい場合によく使います。

その際、サプライヤーから「私どもの提案を受け入れてくれるのであれば、御社の条件を受け入れることが可能です」などの返事が得られれば、一気にゴールへの道筋が見えてきます。また、「私どもの提案を受け入れてくれるのであれば、御社の条件を全て受け入れることは難しいですが、〇〇までは受け入れ可能です」と妥協案を提示してくれる場合もあるでしょう。

その逆バージョンとして、「もし、私どもの条件を受け入れていただくには、御社のどの提案を受け入れればよろしいでしょうか」「もし、こちらの条件を受け入れていただくためには、どのようにすればよいですか」という投げかけのパターンもあります。

《図 53》 相手の主張を認める必要があるとき

交渉相手の方が立場が上だったり、感情的になっていたりする場合に、また、交渉相手の主張を認める必要があるときに、企業としてではなく、個人として理解しますという意味で使ってください。

私自身はすごく理解します。しかしながら会社としては……。
業績の良い御社がたびたび値下げするなんて、失礼な行為と思いませんか。
交渉担当者
サプライヤー

サプライヤーから「絶対その条件はのめない」「一切譲歩できない」と原理原則を伝えてくる場合もあります。その場合、諦めるしかないと考えるのは早計です。その前に「もし、弊社の条件を受け入れる場合、御社はどのような内容にすれば了解が得られますか」などの言葉で交渉の可能性を探ってください。

◉「個人的には理解できます」「私もそう思います」

「相手の方が立場が強い」「感情的になっている」「この相手と信頼関係や協力関係を築きたい」と感じているときに使います（図53）。

例えば、交渉相手から「毎回、価格を変更する御社の姿勢は、企業としてどうかと思いますよ」と辛辣な言葉を投げかけられた場合、「ですが、弊社としては為替の影響もあり……」と答えれば交渉相手と口論になるリスクが出てきます。

しかし「おっしゃる通りです。個人的には●●様の言う通りだと思っています。ただ、為替の影響もあるようで……」と答えると、交渉相手の言葉に反論せず肯定した返答をすることができます。それにより難しい交渉の場合も口論や物別れになるリスクが低くなりますので、意識的に使ってください。

問題発生！　交渉時のQ＆A

この項では問題となりそうなQ＆Aをケーススタディで紹介していきます。ケーススタディを通して、交渉力を身に付けてください。

実践、複数製品購入＋複数条件の交渉方法

決めるべき案件が複数存在すると交渉は難しくなっていきます。今回はこれまで述べてきたテクニックを踏まえて、どのように交渉を進めるか具体例を挙げて検証していきましょう。

Q

交渉相手の見積もりや提案に対する返答方法は？

4か月後にホテルでイベントを実施するという計画があります。予算は100万

円。会議室×2日間と、宿泊客用の部屋を30室×1泊借りる必要があります。

東京のAホテルから見積書が提出されました。

イベントはホテルが比較的空いている時期に実施されます。Aホテルは羽田から直行できる立地にあり、駅からも近く、イベントの責任者であるあなたは、できればAホテルと契約したいと考えています。

Aホテルの担当者は見積書を見せながら、「先日ご依頼の当ホテルの会議室を2日間使用と、宿泊客用の部屋30室1泊分の見積もりですが、会議室が1日60万円を40万円で、宿泊が1室2万8000円を1万5000円までディスカウントさせていただきました。合計125万円ですがよろしいでしょうか」と打診してきました。

予算をオーバーしています。さて、あなたはどのように返答しますか。

回答の選択

a.「お見積もり、ありがとうございます。しかし、予算から外れていますので契約はできません」

b.「お見積もり、ありがとうございます。予算は100万円なので契約できません」

c.「お見積もり、ありがとうございます。検討します」

d.「お見積もり、ありがとうございます。他社よりも素早い対応をしていただけたので助かります」

A

d。サプライヤーとの交渉において、最初に相手が提示してきた条件を、aのように断ってしまえばそこで商談は終わってしまいます。bのようにボトムラインを示せば先方との交渉が素早く進みますが、一方、まだ1回目の見積もりでもあるため、この時点で手の内を明かすのは時期尚早でしょう。cも悪い答えではありませんが、ここではdが一番いいでしょう。ホテルは代替商品が多いので、今どうしてもこの会社と契約したいという状況にはなりません。丁寧なお礼と「他社よりも」と言い添えることで、相見積もりになっていることを伝えることは重要です。このあたりは第4章「セッティング時の交渉テクニック」で詳しく述べていますので、もう一度目を通してみてください。

Q

相見積もりや入札しているときの返答方法は？

こちらの回答を受けAホテル側から、「他のホテルにも見積もりを取られているのですか？　どこに声をかけられていますか。ちなみに予算の次に大事なポイントは何でしょうか」と問い合わせがありました。Aホテルの営業担当もしっかりとした確認をしています。

他のホテルとはどこかと尋ねてきました。その回答次第で見積もりが変わってくる可能性もあります。状況によってはこれ以上興味を示さないこともありますから、慎重に答えましょう。

ちなみに実際に声をかけているホテルは、AよりグレードのたかいBホテルとグレードが同等なCホテルです。全て同じ駅から徒歩圏内です。

さて、あなたはどのように返答しますか。

回答の選択

a.「価格の次は施設の内容や立地です。その他はサービス、ルーム、会場のグレードですね。他のホテルは周辺の同程度のブランドに声をかけています」

b.「価格の次は施設の内容や立地です。その他はサービス、ルーム、会場のグレードですね。他のホテルは2社に声をかけていて、御社を入れて3社の中から決めようと思います」

c.「価格の次は施設の内容や立地です。その他はサービス、ルーム、会場のグレードですね。他のホテルはBホテルとCホテルの2つに声をかけています」

d.「価格の次は施設の内容や立地です。その他はサービス、ルーム、会場のグレードですね。他のホテルはBホテルとCホテルの2つに声をかけていますが、さらにいくつか声をかける予定です」

A

b、cです。現時点で計3社に声をかけているのであれば、それを伝えた方がよいでしょう。ホテルが比較的空いている時期であり、ホテル側もできれば部屋を早めに埋めたいと考えているからです。そのため、aより、b〜dの方が良いでしょう。あなたがホテル業界に詳しくなければbが適切だと思います。Aホテルの担当者はプロですから、cやdではBホテル、Cホテルの価格感に詳しい可能性があります。AホテルよりB、Cのグレードが下だと考えていれば、大幅な値引きもしてこないと思われます。なお、dは見積もり社数が増えるのであれば、Aホテルとしては契約できる確率が減るため、やる気が失せる可能性もあります。この4つの選択肢の中では、bもしくはcがよいのではないでしょうか。ホテル側にとっても3社程度の入札であれば、十分に見積もりに参加する意義があるでしょう。

Q

譲歩を促すための競合価格の伝え方は？

その後、交渉が進んでいきました。Bホテルは価格が折り合わず、現状、AホテルとCホテルが残っています。時間的にも今から他を探しても満室である可能性が高いため、AかCで決めようと考えています。両ホテルともに2社の相見積もりであることは了解しています。同グレードのホテルという認識がお互いにあり、できる限り譲歩しようという姿勢から次のような条件・見積もりが出てきました。

・Aホテル　駅からCより遠い。部屋のグレードはCより上。
会議室2日間×40万円、部屋30室1泊×1万円　計110万円
・Cホテル　駅からAより近い、部屋のグレードはAより落ちる。
会議室2日間×33万円、部屋30室1泊×1万2000円　計102万円

ではCホテルの価格をベースに、Aホテルとどのように交渉すればよいでしょうか。

回答の選択

a.「Cホテルは合計で102万円なのですが、価格をもう少し検討できませんか」

b.「Cホテルの会議室は2日間×33万円なので、会議室の価格をもう少し検討できませんか」

c.「Cホテルの会議室は2日間×33万円ですが、もし同じ価格にしていただけるのであれば、部屋代はその価格で承諾します」

A

bも良いのですが、ベストはc。cはこの中で一番、予算100万円に到達する可能性が高いからです。これはトークスクリプトの項でも述べた仮定の質問です。

もし、Cホテルが100万円を切っている価格で、Aホテルと見積もりに大きな差があればaの回答でも良いのですが、b、cの良いところは、宿泊費に関しては了解している点です。Aホテルの方が宿泊費が安いため、そのメリットをより確実に享受する狙いに加え、交渉相手も値引きのポイントを絞られることで、検討を深めることができます。

Q

急遽、社内の方針転換が行われたときの対応は？

このシミュレーションは実際にあった話を多少アレンジしているのですが、その後も展開があり、どうにか予算内に落ち着きそうな状況でした。しかし、まとまる直前で社内の予算が90万円に絞られることになり、より価格を下げる必要が出てきました。

交渉していると時間軸で状況が変わることは多々あります。それを避けるにはスピードが大事なのですが、それでもこの例のように状況が一転するケースがあります。

さて急遽、予算が厳しく抑えられる状況となりましたが、あなたならどのように対応しますか。

回答の選択

a. 同ランクのD、Eホテルから新たな見積もりを取り、再検討する。
b. ランクの低いF、Gホテルに見積もりを取り、交渉する。
c. A、Cホテルにお願いしている会議室や部屋のランクをできる限り下げる。
d. A、Cホテルと新たな取引方法を模索する。

A

実際のときはdでした。aも検討したのですが、スケジュール的に間に合わないリスクが高かったので、見積もりは取りませんでした。b、cは当初の目的が達成されないので当初から検討しませんでしたが、いよいよとなればcを選択することを考えていました。dに関してはCホテルに状況を伝えに行ったところ、Cホテルの営業担当から「会議室だけ借りてもらうことは可能ですか」との打診がありました。そこで検討を行った上で、AホテルとCホテルは距離も近いこともあり、低価格の条件だけを選んで交渉するという内容に方向転換することにしたのです。

当然、Cホテルは快く承諾し、会議室だけCホテルで借りることになり、さらには会議室を

30万円までディスカウントしてくれ、加えてオプションとしてコーヒーとお菓子のサービス＋ホテル内での飲食25％引きを付加してもらえることになりました。

一方、Aホテルでは渋々ではありましたが可能との返事でした。ただし、元々会議室を貸すためのディスカウントであったため、部屋代は1万5００円まで増額してくださいと要望がありました。Aホテルの5００円増額のために最終的にはトータルで91万5０００円となり予算内に収めることはできなくなりましたが、社内ではその金額で承認が取れました。

この例のように、サプライヤーは必ずしも1社契約の方が安くつくわけではないことも認識しておいてください。

後日、分割を快く承諾してくれたCホテルに尋ねたところ、残り交渉期間が2か月となった段階で、部屋が急遽埋まってしまい、こちらが提示している部屋よりもいい部屋を提供しなければいけない状況になっていたといいます。通常提示価格の2倍の価格の部屋であったため、部屋代だけで見れば、期待収益からすると採算割れになってしまいます。会議室だけの契約でCホテル側も結果的には良かったことが分かりました。

このように交渉は状況次第で当初描いていたストーリーから大きく変わる可能性があります。どのように状況が変化しようとも交渉目的を意識しながら交渉スタンスを維持し、状況の変化に目を配って、柔軟な発想で交渉を進めていってください。

新しいサービス契約の交渉は難しい

製品を購入する際よりも、サービスの契約時の方が交渉が難しいというのは、発注担当者の共通した認識だと思います。サービスはクオリティーの比較が容易ではないこと、属人的な部分が大きいことなどによりますが、目に見える「物」がなく、契約や条件において決めることが煩雑という理由も挙げられるでしょう。また、発注者側に専門知識がない中で発注せざるを得ないので、サービスに対する知識不足ということも交渉が難しい要因の一つになっています。

ここでのケーススタディでは不動産会社であるX社が自社のホームページのSEO（検索エンジンの検索結果の表示順の上位に、自らのWebサイトが表示されるようにするサービス）を依頼する際に、どのような流れで依頼していく必要があるかを学んでいきます。

Q

知識のないサービスの交渉方法は？

不動産会社のＸ社は自社サイトで紹介している物件もあるため、ＳＥＯを依頼したいと考えています。一方、ホームページも知り合いの制作会社に作ってもらっている状況で、ＩＴやＳＥＯに詳しい社員はほぼ皆無です。ネットで検索したＳＥＯの業者３社を呼んで打ち合わせをしようと考えました。

予算は特に決めていませんが、「効果が少ないのであればできる限り予算を抑えたい」「効果が高いのであれば予算をある程度確保してもいい」という漠然とした考えがあるだけです。スケジュールとしては、すぐにでも進めたいと考えています。

各社に価格と契約期間をヒアリングしました。

・Ａ社　毎月20万円　１年契約
・Ｂ社　年間１５０万円　１年契約
・Ｃ社　毎月25万円　６か月契約、毎月16・５万円　１年契約

このような回答を得ましたが、一概には比較しづらく頭を抱えてしまいました。

さて、ＳＥＯ会社に対して、どのような交渉を進めればいいでしょうか。

回答の選択

a. 3社に対して、価格をできる限り下げ、契約期間を短くするよう交渉する。

b. サービスのクオリティーが分からないので、3社からできる限り細かにヒアリングして比較できるようにする。

c. 3社以外のSEO業者を探し、追加でヒアリングする。

A

基本的にはbが的確です。

aに関しては、bが完了した時点で、どの業者かに狙いを定めて交渉した方がよいでしょう。全ての業者と全力で交渉することにパワーを費やすのは大変なことです。

また、cに関しては、bでクオリティーを確認してイマイチだなと率直に感じた時に実行してください。現時点では3社の条件提示しかしてもらっていない段階です。クオリティーに関しては良いか悪いか分からない状況で、追加の4社目に声をかけたところで打つ手はありません。

Q

サービス内容に対する質問は？

さて、３社からのヒアリングですが、一体何を聞けばよいのでしょうか。

周囲の、その業界やサービスに詳しい人から情報を得た上でサプライヤーに話を聞くのが手っ取り早いのですが、今回はそのような詳しい人がいないという前提で話を進めます。周りに詳しい人がいない場合は、コンサルタントなどに頼むのが一般的ですが、予算的にコンサルへの発注も難しく、スケジュールがない中でサービス内容を確認していく必要があります。

さて、このような場合、どのようにヒアリングすればよいでしょうか。

回答の選択

a．業界紙や専門書を熟読し、知識を身に付けた上でサプライヤーに質問する。

b．各サプライヤーのサービス内容の詳細や特徴、強みと弱みを質問する。

c．各サプライヤーの実績、取引企業、会社規模とサービスによる効果を質問する。

A

b、cです。すぐにでも取りかかりたい案件なので、aのような悠長なことをしている時間はないですね。最低限の知識を頭に入れておくくらいでよいでしょう。

発注担当者が実際に取る行動としてはbが一番多いようです。しかし、これだけで実際にサプライヤーを判断することは難しいでしょう。bの内容は、サプライヤーが営業トークを駆使してどうにでもあなたの好感を得るように答えられますので、必ずしも鵜呑みにはできません。

cがサービスに関する知見がない中で、サプライヤーを比較するのにベストな方法だと思われます。どこの企業と取引しているか、どのようなサービスを提供し、どのような成果を出しているか。そして、会社規模はどのくらいか。中小企業か上場企業なのか。また、今回の提案によるサービスによる効果はどの程度のものなのか。その成果にコミットできるかどうかも聞いておいて損はありません。b、cの両方を聞くのが一番いい方法でしょう。

大まかにいえば、サプライヤーを選定する際には、ヒアリングを徹底的に行うしか方法はありません。しかし、焦点がぶれた質問をしてもいい結果は生まれませんので、比較できる情報を基にヒアリングし、最後は価格交渉するという流れです。営業マンだけですと、仕事を取るために〝話を盛る〟というリスクもあるため、サプライヤー側の現場の責任者や技術者にも同席してもらった方がよいでしょう。現場の責任者や技術者が同席していると、後に自分が作業をすることになるので、できないことを営業が言った場合に難色を示すことが多くあります。一方、できることは詳細に話してくれます。そのため、実際の仕事の担当者である現場の責任者や技術者と会っておくことは、サプライヤーを選定する上で非常に有効です。

そして、サービス系の購買は、可能であれば成果報酬型にできるとよいでしょう。例えばSEOであれば、問い合わせが○件取れたら6か月後に更新するというような取り決めをすることで、サプライヤーとしても頑張らざるを得ない状況にすることができます。

サービス系のサプライヤーとの交渉ポイントを整理すると次のようになります。

1. サプライヤーから実績や企業規模、サービスの効果を詳細にヒアリングする。
2. 営業マン以外にサービス提供者（技術者やコンサルタント）にも同席してもらう。
3. 成果報酬型の契約や期間内解約を違約金なくできるようにする。

感情的な交渉相手への対応

交渉相手の属性や交渉内容によっては、交渉中に相手が感情的になることがよくあります。交渉中に相手が感情的になった場合に、自分自身も同じように感情的になってしまってはいけません。一方でスケジュール的に制約のある交渉の場合、追い詰められて全ての条件を承諾してしまった事例もあります。感情的な交渉相手にはどのような対応や進め方がいいか検証していきましょう。

Q

感情的な相手との交渉方法は?

コスト削減の交渉で感情的になりやすくなるのは次のような場合です。

- 個人事業主もしくはそれに近い企業との交渉
- サービス契約を中途解約する際の交渉
- サービス内容が契約内容と異なる場合の発注者側からの是正交渉

さて、感情的な交渉相手に対して、どのような行動を取ればいいでしょうか。

回答の選択

a. 単独で対応する。
b. ２人以上の複数名で対応する。
c. 交渉担当者は変更しない方がいい。
d. 交渉担当者は変更した方がいい。

A

答えはb、dです。
感情的な相手との交渉は、「言った言わない」になる場合が多く、また相手が威圧的な対応を取ることで発注者側の担当者が怯《ひる》んでしまうことがあります。結果的に不本意ながらも相手の言いなりになってしまったなどという事態を防ぐためにも、一対一よりも冷静に対応できる複数名の交渉の方がいいのです。
また、コミュニケーションの部分で、交渉相手と相性が合うか否かは意外と大きく影響するも

《図 54》交渉相手が感情的な場合に取るべき方法

考え方：
①交渉相手が今より感情的にならないように対応する。
②心情は担当者の個人的な気持ちを表し、対応は会社として交渉目的に沿った対応を取る。

感情的な交渉相手への対応策	重要度
相手が感情的なことを理由に譲歩しない。	高
交渉相手の話に対して、口を挟まずにしっかりと聞き、自身も感情的にならないよう意識する。	高
曖昧な返答を避け、首尾一貫した対応をする。	高
打ち合わせ内容は記録に残す（議事録等）、可能であれば交渉相手に確認してもらう。	高
交渉担当者を現担当者の上司・上役に変更する（場合によっては交渉相手の相性があるため）。	高
打ち合わせの場には２人以上の複数名で対応し、電話等の１対１の場で対応しない。	中
感情的な原因を探る（原因が交渉目的と異なることがしばしば見かけられます）。	中
先方の要求に対しては、正確な対応とスピードを意識する（交渉相手がより感情的にならないように意識する）。	中

のです。担当者が変わることで、交渉相手も最初の冷静なときの面談状態に戻ること（クールダウン）ができます。

なお、その他の対応方法としては、図54に示す通りです。考え方としては、次の２つの事項に集約されます。

1. 交渉相手が今より感情的にならないように対応する。
2. 心情は担当者の個人的な気持ちを表し、対応は会社として交渉目的に沿った対応を取る。

危険！　交渉してはいけない費目とは

コスト削減のためにサプライヤーと交渉する機会は多くありますが、時に、ある特殊な状況や契約形態、サプライヤーとの関係性において、交渉しない方がいい場合があります。

私のコンサルタントとしての経験の中でも、今回は交渉に臨まない方がよいと感じることがたびたびありました。この項では、コスト削減交渉そのものがＮＧの場合、もしくは極めて慎重に対応しなければならない場合を取り上げて、どのように対応すればいいか確認していきましょう。

Q

交渉リスクのある状況は?

まずは交渉をするか否かの見極めをする必要があります。例えばトップダウンでコスト削減の指示が下りてきたときは全ての費目を見直す必要が出てきますが、その指示に従って全費目の交渉を行った場合、サプライヤーとの関係が悪化し業務が止まって問題になることや、逆に増額されてしまうということがないとも限りません。何でもかんでも交渉することが正しいとはいえないのです。リスクが高い交渉を覚えておくだけでも交渉方法が大きく変わります。

さて、代替性が全くない既存サプライヤーに対してコスト削減を要求する予定です。交渉をしない方がいい、もしくは慎重に行わなくてはならないのはどのようなケースでしょうか。

回答の選択

a. マーケットプライスよりかなり安いサービス。

b. そのサービスを扱えるのは自社しかないとサプライヤーが認識している。
c. そのサービスを扱えるのは自社だけだとサプライヤー自身が認識していない。
d. 自社が提供している業務のクオリティーに関わるサービス。

A

答えは「a～d全て注意する必要がある」です。

まずaに関しては、マーケットよりかなり安いということを承知で削減交渉をしたところ、逆にサプライヤーからちょうど値上げの話をする必要があったと言われ、増額交渉に切り替えられるパターンがよく見られます。特に為替やエネルギーに関わる部分、具体的には包装材や宅配便などで値上げの話が持ち上がるパターンが多いようです。経済環境に連動しやすい賃料も要注意でしょう。

b、cに関しては、既存サプライヤーがそこ1社しかないということですから、交渉の末、取引できなくなるリスクも視野に入れておく必要があります。丁寧に交渉して取引中止になることはまずありませんが、あまりしつこく値下げを迫ると「もう、結構です」と、席を立ってしまうサプライヤーもいるでしょう。中でもサプライヤーが自社以外に代替企業がいないと認識している場合は、より厳しい交渉になるのを覚悟する必要があります。サプライヤー自身が、自社が提供しているサービスは他の企業でも代替可能だ、と考えている場合は多少なりとも交渉しやすくなりますが、こちらがサプライヤーの代替性はないのだと思い込んでいればパワーバランスがおかしくなってしまうことがあるため注意が必要です。

dに関しても、コスト削減することで自社へ提供しているサービスの質が落ちることを危惧する必要があるので注意してください。もちろんサプライヤーもプロであるため、手抜きの対応をしてくることはほとんどありません。しかし、クオリティー重視のサービスに関しては自社のビジネスとも関わってくるので、場合によっては代替サプライヤーの確保を視野に入れながら、丁寧な対応をする必要があります。

Q

費目によって違う交渉リスクは？①

コスト削減は費目ごとにいろいろな対応が必要になってきますが、交渉の数だけ交渉方法が存在し、そのやり方も多岐にわたります。時には単一ではなく数々の方法を組み合わせて交渉に臨むケースも出てきます。交渉準備が大切なのはそのためです。さて、「店舗賃料の削減」を行う場合、注意すべき契約はどれでしょうか。

回答の選択

a. 契約期間残り３年の定期借家契約。
b. 契約期間残り１年の普通借家契約。
c. 契約期間残り６か月の定期借家契約。

A

答えは、ａ、ｃです。

先ほどの例でいえば、「サプライヤーが1社しかいないサービスとサプライヤーが認識している」とａ、ｃの内容は同じです。店舗という代替性のない場所（＝サービス）を提供されている状態なのです。そして、取引に関しても定期借家契約という、契約がいったん終了することが前提の契約であるため、再契約するか否かはオーナー側（＝サプライヤー）の裁量となります。では、なぜｂは該当しないのでしょうか。契約期間が1年とありますが、借地借家法上、更新できるからです。代替性のない場所ではありますが、普通借家契約はオーナー側から契約を終了することは原則できないため、ｂは賃料削減の対象としていい店舗といえるでしょう。

Q

費目によって違う交渉リスクは？②

前の質問では店舗でしたが、今回はオフィス賃料の削減を考えてみます。オフィス賃料の削減を行う場合に、注意すべき契約は次のうちどれでしょう。先ほどと同じように不動産・賃料という費目ですが、同じような回答になるのでしょうか。

回答の選択

a. 契約期間残り3年の定期借家契約。
b. 契約期間残り1年の普通借家契約。
c. 契約期間残り6か月の定期借家契約。

A

答えは、cです。

前問と比較して、なぜaが対象から外れるのでしょうか。オフィスには特に規制された場所があるわけではなく、基本的には代替性がある場所（＝サービス）であるため、賃料削減の交渉をしても問題ありません。ただし、cの場合は交渉が不調に終わったときに次のビルを探す時間的余裕がないので、交渉する場合は綿密な検証をした上で行った方がよいでしょう。

改めて、コスト削減で注意すべき費目のポイントを挙げておきます。

1. サプライヤーが１社のため代替サービス・製品がない費目。
2. 現状の供給単価がマーケットプライスより安い費目。
3. 製品・サービスの品質が自社製品の品質に影響を受ける費目。

時間切れ！　どうしてもゴールに到達できないときの対応

交渉が佳境に入っているのに時間が足りないという場合、どのような行動を取ればいいかを検討してみましょう。

Q

時間がないときの交渉方法は？

時間切れの状態を検証すると、①今回は、どうしても動かせないスケジュール（引っ越しやイベント、契約期間の満了など）である、②社内調整をすれば何とか動かすことが可能なスケジュールである、のどちらかであることがほとんどです。問題は①の場合です。

例えば、社内インフラの導入に際して引っ越しまでに時間がないという場合。サプライヤーとの交渉において、条件の擦り合わせが思うようにいきません。さて、あなたなら、次の3つの中でどの対応を行いますか。

回答の選択

a. とにかくギリギリまで詰めて半ば強引に契約する。
b. 他のサプライヤーに変更する。
c. 現状のサービスの仕様を変更する。

A

今回のケースではcが適切な対応でしょう。

仕様を変更するということは、現状求めている最低限のサービスや製品の仕様を維持した上で金額を落とし、できる限り譲歩できる内容でいったん契約するということです。aはすでに交渉が難航してしまっている状態で強引に事を進めても、双方が満足する合意に至ることはあり得ませんし、bの今から新たなサプライヤーを探し交渉するというのは物理的に困難です。

ただし、cを行うためには「契約期間を短くする」「解約できるような内容にする」の2点も併せて考慮しなければなりません。

価格が多少高くても、サプライヤーをいつでもスイッチできる状態にしておいて、時間があるときに再度サプライヤーの選定を行えるようにしておくことが重要です。その動きを現サプライヤーが感知して、コスト削減に応じてくれるケースもあります。

時間切れの場合に意識すべき交渉ポイントは次のようになります。

1. サプライヤーを変更しやすいように契約期間を短くする。
2. 契約時のイニシャルコストやスイッチングコスト（解約違約金など）をできるだけなくし、解約しやすい契約にする。

おわりに

最後までお読みいただきありがとうございます。いろいろと書かせていただきましたが、取引において一番大切なことは、相手との関係性にあると考えています。ビジネスパーソンはその関係性を構築するために日々多くの時間をコミュニケーションに割いています。

このような中で、交渉は「相手を思い通りに操る」という狭いものではなく、相手と素敵な関係を構築するための技術です。

交渉は個人の性格や才能のある人だけがうまく使えるものではなく、本書で紹介した内容を実行することで誰でも手に入れることができる技術です。

交渉が苦手な人はいるかもしれませんが、それはスピーチが苦手ということに近いのかもしれません。原稿の準備やリハーサルをせずに、いきなり人前で話すことと同じです。

交渉も、準備不足やシミュレーションをしていないとうまくいかないことがあるかもしれません。しかし、交渉の基本を学び、準備に時間をかけ、相手のことを考え、丁寧に応対すれば、誰でもいい結果を導くことができるでしょう。そしてそれを繰り返すうちにあなたは、「自分の得意なビジネススキルは交渉」と人に言えるまでになるかもしれません。何よりも交渉で向き合っていた相手と関係性が培われていくことで交渉する時間は大きく減り、いつの間にかストレスのないスムーズな取引の割合が増えていることでしょう。

今後、ビジネススキルには、さまざまな企業、部門、状況、環境下で力を発揮できる能力が求められます。そのために、個別の企業でしか通じない知識ややり方を習得するのではなく、どのような業界、企業でも通用する普遍的な能力を身に付ける必要があります。交渉力は、まさに今後のビジネススキルとして最も重要であり、多くの場面で役立つ武器となるはずです。

本書が少しでも皆さんの能力向上に貢献し、そしてストレスのない素敵な取引が増えることを願っています。それが実現されれば、筆者としてはこれ以上の幸せはありません。

最後に本書を書くきっかけを与えてくださったＮａｎａブックスの高橋さんと学生だった高井君、進まない原稿を辛抱強く待ってくださったＮａｎａブックスの森西さんとデザイナーの井上さん、文章力のない私をサポートしてくれた須田さん、いつも仕事で無理難題を言っているにもかかわらずそれに応えてくれ、今回も時間のない中で原稿チェックをしてくれたプロレド・パートナーズの皆さん、いつも素敵なプロジェクトをご一緒させていただいているクライアントの皆様。創業から週末なく仕事をしている私に付き合ってくれた妻と子供たち（毎週ごめんね）。また、本書は創業時から私をずっと支えてくれた卓司さんがいなければ書けなかったと考えており、卓司さんとの共同執筆だと思っています（9：1で私だけどねって、冗談です）。そして、今まで支えてくれた多くの皆さん、ありがとうございました。今後の仕事で必ず恩返しさせていただきます。

２０１４年10月

佐谷　進

本書は『月刊総務』2014 年９月号総務の
マニュアル「総務パーソンが身に付けたい
戦略的な『交渉術』」に掲載された記事を
加筆・変更し、大幅に書き下ろしました。

編集協力：須田　稔
校正：鈴木健一郎
デザイン：井上祥邦（yockdesign）
DTP：福原武志

佐谷　進（さたに・すすむ）

ジェミニ・コンサルティングを経て、ブーズ・アレン・アンド・ハミルトン株式会社（現プライスウォーターハウスクーパース・ストラテジー株式会社）へ転籍。大手製造業のコストマネジメントおよびリエンジニアリング、大手都市銀行の営業戦略の策定、経済産業省からの受託リサーチなどに従事した後、不動産投資信託（REIT）の運用会社であるジャパン・リート・アドバイザーズ株式会社に入社。住宅、オフィス、商業施設、ホテル、物流物件の取得から運用・コストマネジメントを担当した後、大手の流通小売・飲食企業にて店舗開発、出退店戦略担当等を経て、独立。株式会社プロレド・パートナーズを設立し、企業不動産とコスト削減に特化したコンサルティングを提供している。2014年10月現在、500社以上、合計1,000億円以上のコスト削減実績があり、交渉のスペシャリストとしてセミナー・講演、雑誌などへの寄稿等多数。http://prored-p.com/

また、本書に関するご質問・ご意見に関しては s_satani@prored-p.com までご連絡ください。

P95《図22 交渉条件整理シート》、P96《図23 交渉ヒアリングシート》などを、下記 URL より DL できます！
http://wis-works.jp/books/

Nanaブックス

体温の伝わる交渉
～702社のコスト削減を実現したプロの作法～

0125

2014年10月20日　　初版第1刷発行

著　者――――佐谷　進
発行者――――林　利和
編集人――――森西美奈
発行所――――ウィズワークス株式会社
〒160-0022
東京都新宿区新宿1-26-6　新宿加藤ビルディング5F
TEL　03-5312-7473
FAX　03-5312-7476
URL　http://wis-works.jp/
※Nanaブックスはウィズワークス株式会社の出版ブランドです

印刷・製本――三松堂株式会社

ISBN 978-4-904899-44-1